謎解きの英文法
時の表現

久野暲・高見健一 著
Susumu Kuno　Ken-ichi Takami

hedges

is now arriving

i'm lovin' it.

aspect

tense

くろしお出版

はしがき

　英語を話したり勉強したりする際に、ここは動詞の過去形と現在完了形のどちらを使うんだろうとか、動詞の単純現在形と進行形ではどちらが適切なのだろうかと、迷ったりしませんか。The bus **is stopping**. という文は、「バスが止まっ<u>ている</u>」という意味なのでしょうか、それとも、「バスが止まり<u>かけている</u>」という意味なのでしょうか。「私は、パリは気が遠くなるほど<u>美しいと思った</u>」を英語にすると、I **thought** Paris **was** stunningly beautiful. と「時制の一致」を適用するのか、あるいは I **thought** Paris **is** stunningly beautiful. と言っていいのか、迷ったりしませんか。

　本書は、このような英語の疑問に答え、「時制」と「相」（アスペクト）（動作や状態の完了や継続を表わす文法事項）に焦点を当て、「時の表現」に関わる多くの謎を解こうとしたものです。きっと、言葉の背後に潜んでいる理路整然とした規則に気づき、言葉の面白さや不思議さを味わっていただけることと思います。

　本書は 10 章からなり、第 1 章では、英語には「過去時制」と「現在時制」に加え、「未来時制」もあるのかどうかを考えます。学校文法（伝統文法）では、will が未来時を表わす「未来時制」だと言われ、日本語でも、will に相当する「〜だろう／でしょう」が未来を表わす要素だと言われてきましたが、第 1 章では、これらが適切でないことを示します。第 2 章と第 3 章では、英語の動詞の現在形が、現在の事柄だけでなく、過去や未来の事柄でも指し示せる事実を観察し、現在形がどのような意味を表わすかを明らかにします。そして第 4 章では、過去形と現在完了形の違いを、ある国際学会で英語の母語話者ではない司会者が、過去形と現在完了形を間違えて使った表現をもとに考察したいと思います。次

に第5章では、すでに亡くなっている作家の行為について、過去形だけでなく、現在完了形を用いて、たとえばShakespeare **wrote** a lot of plays. だけでなく、Shakespeare **has written** a lot of plays. のようにも表現されることに関して、Leech（2004）などは、現在完了形は使えないと述べていますが、本当にそうなのかを考えたいと思います。

第6章では、英語の進行形と日本語の「～ている」表現を取り上げ、それぞれがどのような意味を表わし、どのような共通点と相違点があるかを示します。特に、「ネズミがあそこで死ん<u>でいる</u>」は、A mouse **is dying** over there. のように進行形で言うことができません。この章では、どうしてそのような違いが、英語の進行形と日本語の「～ている」表現の間にあるかを明らかにします。そして第7章では、マクドナルドのキャッチコピー i'm lovin' it (I'm loving it). を取り上げ、love のような状態動詞は、一般に進行形にはなりませんが、進行形を用いたこの広告文がどういう意味で、どのような場合に状態動詞は進行形になるかを明らかにします。

第8章では、「時制の一致」を考えます。特に、次の（a）文に時制の一致を適用すると、（b）文になるはずですが、どうしてこの（b）文が不適格なのかを考えます。

（1） a. He **says** that his son **graduates** from college **next spring**.
　　 b. *He **said** that his son **graduated** from college **the next / the following spring**. （graduated が、彼が発言した時より未来の出来事を指す解釈としては、不適格）

そして、時制の一致を考察する過程で、時制には、「絶対時制」と「相対時制」という2つの時制表現があることを示し、日本語の興味深い事実を指摘して、日本語でも同じようにこれら2つの時制があるかどうかを考えます。

第9章は、canの過去形couldに焦点を当て、couldが「〜できた」という過去の意味と、現在の事柄を述べて、「できる（のに）」という仮定法の意味を表わす場合が、どのように区別されるかを考えます。特に、日本語では「私は昨日パーティーを楽しむことができた／できなかった」のように言えるのに、これに対応すると考えられる次の英文では、(b) しか言えず、(a) がどうして言えないのかを明らかにします。

(2)　a. *I **could** enjoy the party yesterday.
　　 b. I **couldn't** enjoy the party yesterday.

最後に第10章では、現在の事柄を述べているにもかかわらず、助動詞や一般動詞の過去形、さらに進行形を用いて、丁寧な意味合いを表わす場合がありますが、どうして過去形や進行形だと丁寧な意味合いが生じるのかを考えます。また、あるアメリカ人が書いた文章を取り上げて、そこに控え目で丁寧な意味合いが、いかに巧みに表現されているかを見てみたいと思います。

　本書ではさらに、進行形と丁寧表現に関して２つのコラムを設けました。コラム１では、成田空港と羽田空港で用いられている飛行機の到着アナウンスが、日本語と英語で食い違っていることを指摘し、どうしてそのような食い違いが生じたのかを説明します。コラム２では、ネイティヴスピーカーが、確信の弱い意見を述べる時や、言いたいことを控え目に表現する場合によく用いるwouldを取り上げ、実例を観察しながら、日本人が使いこなすことが大変難しいこのような表現について説明します。参考にしていただければ幸いです。

　この本を書くにあたり、多くの方にお世話になりました。特にKaren Courtenay, Nan Deckerのお二人からは、本書の多くの英語表現に関して有益な指摘をたくさんいただきました。また、くろしお出版の岡野秀夫氏には、本書の原稿を何度も通読していただ

き、さまざまな助言をいただきました。ここに記して感謝します。

2013 年初夏　　　　　著　者

目　次

はしがき　*i*

第1章　Will は「未来時制」か？　*1*

- Will と「〜だろう／でしょう」　*1*
- 「だろう／でしょう」は「推量」の助動詞　*3*
- 動詞の現在形が現在時と未来時を表わす　*4*
- He leaves for London tomorrow. と
  He will leave for London tomorrow.　*6*
- Will は法助動詞　*8*
- Will のさらなる意味　*10*
- 結び　*11*

第2章　現在形は何を表わすか？ (1)　*13*

- 現在形は「現在、過去、未来」のどれでも指せる？　*13*
- 現在形が表わす意味 (1)
  　　　―― 現在の状態　*15*
- 現在形が表わす意味 (2)
  　　　―― 現在の習慣的動作・出来事　*19*
- 現在形が表わす意味 (3)
  　　　―― 現在の動作・出来事の実況的報道　*21*
- 現在形が表わす意味をまとめると　*24*

第3章 現在形は何を表わすか？(2) 27

- 過去や未来の事柄でも現在形で表わせるのはなぜ？ 27
- 過去の事柄をあたかも今目の前で起きているかのように報告 28
- 「歴史的現在」が慣習的に用いられるジャンル 30
- 未来の事柄が現在起こっているかのように確実 34
- 結び 37

第4章 過去形か現在完了形か？ 39

- はじめに 39
- 過去形が表わす意味 40
- 現在完了形が表わす意味 43
- 過去形と現在完了形の若干の意味の違い 47
- (1)の過去形の文はなぜおかしいか？ 50
- 結び 52

第5章 Shakespeare [wrote / has written] a lot of plays. はどちらも正しい? *55*

- 過去形と現在完了形 *55*
- シェイクスピアは故人 *56*
- Shakespeare has written a lot of plays. は、本当に間違いか? *58*
- 人は死して「書物」を残す *59*
- 「書く」行為以外は? *61*
- まとめ *62*

第6章 「バスが止まっている」は The bus is stopping. か? *65*

- 英語の進行形は日本語の「〜ている」か? *65*
- 英語の進行形 *66*
- 日本語の「〜ている」形(1) *69*
- 日本語の「〜ている」形(2) *71*
- The bus is stopping. はどういう意味? *74*
- 結果状態の継続は英語ではどのように表現するか? *77*
- まとめ *78*

コラム① 「到着した」は is arriving か? *79*

第7章 I'm loving it. なんて言えるの? 85

- マクドナルドのキャッチコピー、i'm lovin' it. *85*
- 「マイクはキャシーを愛し<u>ている</u>」 *86*
- (4a-e)を英語にするとどうなる? *88*
- 状態動詞は進行形にならないか? *90*
- 状態動詞が進行形になるさらなる例 *92*
- I'm loving it. と言えるのか? *93*
- 「見れば見るほど好きだ」も I love X の断続的連続体 *96*
- 結び *97*

第8章 「絶対時制」か「相対時制」か? 99

- 「時制の一致」 *99*
- 時制の一致を受けるか受けないか? *103*
- 時制の一致を適用しているのになぜ不適格? *107*
- 「相対時制」と「絶対時制」 *108*
- (4a, b)に関して *111*
- (13b)はなぜ不適格か? *113*
- 過去形動詞は絶対に未来を表わさないか? *118*
- BE 動詞以外の自己制御可能な動詞が未来時解釈を受けられる例外的ケース *121*
- 時や条件を表わす副詞節 *124*
- 日本語の「〜前に」 *127*
- 日本語の「〜後で」 *130*
- 結び *131*

第9章 「試験に合格できた」は I <u>could</u> pass the exam. か? *133*

- You could win a jeep. *133*
- Could / Couldn't が「できた／できなかった」という意味の場合 *133*
- 仮定法で使われる場合 *136*
- 過去の出来事か現在の仮定か？(1) *139*
- Could, couldn't は「出来事」ではなく、「状態」を表わす *141*
- 一般的能力か1回の出来事か？ *143*
- 「不可能状態」と「可能状態」の対照 *148*
- 疑問文の場合 *151*
- 過去の出来事か現在の仮定か？(2) *155*
- まとめ *155*

第10章 What <u>were</u> you wanting? は「何を望んで<u>いたの</u>」という意味だけか？ *159*

- はじめに *159*
- なぜ過去形が丁寧な意味合いを持つのか？ *161*
- 進行形も丁寧な意味合いを表わす *163*
- 助動詞 could を用いた丁寧表現 *166*
- Would や might を用いる場合 *168*
- 実例の観察 *171*
- 結び *175*

コラム②　「垣根ことば」と助動詞 *176*

付記・参考文献 *183*

Will は「未来時制」か？　第1章

● Will と「〜だろう／でしょう」

　中学校で英語を学び始めた頃、未来の事柄は will で表わされ、will は、「〜だろう／でしょう」という日本語に当たると先生が言われたのを今も覚えています。そして、過去の事柄は動詞の過去形で、現在の事柄は動詞の現在形で表わされ、次のように、「過去、現在、未来」という3つの時（time）は、英語でも日本語でも、それぞれ3つの形、3つの「時制」（tense）、つまり、「文が表わす事柄と発話時との時間関係を示す言語形式」で表わされるのだと暗黙のうちに考えていたように思います。読者のみなさんはいかがでしたでしょうか。

（1）過去時 —— 過去時制（動詞の過去形）
　　a.　He **was** in New York **last year**.
　　b.　彼は昨年ニューヨークに<u>いた</u>。
（2）現在時 —— 現在時制（動詞の現在形）
　　a.　He **is** in New York **now**.
　　b.　彼は<u>現在</u>ニューヨークに<u>いる</u>。
（3）未来時 —— 未来時制（助動詞の will,「だろう／でしょう」）
　　a.　He **will** be in New York **next year**.
　　b.　彼は<u>来年</u>ニューヨークに<u>いるだろう</u>／<u>でしょう</u>。

（1a, b）では、動詞の過去形 was と「いた」が、彼の過去時（昨年）

の状態を述べており、(2a, b) では、動詞の現在形 is と「いる」が、彼の現在時の状態を述べています。そのため、動詞の過去形は、過去時を表わす過去時制で、動詞の現在形は、現在時を表わす現在時制であると言うことができます。

しかし、(3a, b) の助動詞 will や日本語の「〜だろう／でしょう」は、未来時を表わす未来時制と言えるのでしょうか。これらの表現は、次のように、現在時を表わす要素と一緒に用いることもできます。

(4) a. She **will** be out **now**. ［現在時］
    b. 彼女は<u>今</u>、外出中<u>だろう</u>／<u>でしょう</u>。［現在時］

さらに次に示すように、未来時は動詞の現在形で表わすこともできます。

(5) a. He **leaves** for London **tomorrow**. ［未来時］
    b. 彼は<u>明日</u>ロンドンへ<u>出発する</u>。［未来時］

「過去、現在、未来」という3つの時（time）と、それらを表わす形、時制（tense）は、どのように対応しているのでしょうか。特に、学校文法（伝統文法）では、will は未来時を表わす未来時制であると言われてきましたが、本当にそうなのでしょうか。日本語の「〜だろう／でしょう」はどうなのでしょうか。英語や日本語に未来時を表わす未来時制はあるのでしょうか。本章では、このような問題を考えてみたいと思います。

第1章 Will は「未来時制」か？ 3

● 「だろう／でしょう」は「推量」の助動詞

　まず、日本語の「だろう／でしょう」から考えてみましょう。もうご存知かもしれませんが、「だろう／でしょう」は、未来時を表わす要素ではなく、話し手の推量を表わす助動詞です。つまり、話し手がある事柄を真実であると考えつつも断定せず、言い切らないで保留する表現です。国語辞典などでは、推量を表わす助動詞として、「う／よう」(明日は雨が降ろう／午後は晴れよう)があがっていますが、現代語では「だろう」の方が自然で、その丁寧な形が「でしょう」です。したがって、この助動詞は次に示すように、過去、現在、未来のいずれの事柄についても用いられます。

(6) a. 君は昨日事故にあって、さぞ怖かっただろう／でしょう。[過去時]
　　b. 京都は今頃、紅葉がきれいだろう／でしょう。
　　　 [現在時]（cf. 4b）
　　c. 洋子は明日、パーティーにきっと来るだろう／でしょう。[未来時]（cf. 3b）

以上から、「だろう／でしょう」は話し手の推量を表わす助動詞で、未来時を表わすわけではなく、したがって未来時制要素でもないことが明らかです。

● 動詞の現在形が現在時と未来時を表わす

　それでは日本語で、未来時を表わす要素は何でしょうか。それは、動詞の現在形で、現在形は次に示すように、現在時と未来時の両方を指すことができます。

(7) a. 私は花子が<u>好きだ</u>。[現在時]
　　 b. 太郎はフランス語が<u>分かる</u>。[現在時]
(8) a. 彼は<u>明日</u>ロンドンへ<u>出発する</u>。[未来時]（=5b)
　　 b. 太郎は<u>来年</u>大学を<u>卒業する</u>。[未来時]

(7a, b) の動詞の現在形「好きだ、分かる」は、話し手が花子を好きだったり、太郎がフランス語が分かるのが、現在時の状態であることを示していますが、(8a, b) の動詞の現在形「出発する、卒業する」は、彼がロンドンへ出発するのが明日、太郎が大学を卒業するのが来年で、ともに未来時の動作であることを示しています。したがって、現在形は、現在時と未来時の両方を指すことができます。

　ここで、(7a, b) の「好きだ、分かる」と (8a, b) の「出発する、卒業する」の決定的な違いは、前者が「状態動詞」、後者が「動作動詞」であるという点です。状態動詞の現在形は、次に示すように、未来時を表わすことができません（【付記1】参照)。

(9) a. *この車は来年 <u>古い</u>。

b. *太郎は来年フランス語が分かる。(cf. 7b)

一方、動作動詞が現在時を指せるのは、次に示すように、習慣的動作を表わす場合に限られます。

(10)　私は毎朝ジョギングする。[現在時]（【付記2】参照）

この文は、話し手が現在の習慣として定期的にジョギングを行なうという、話し手の現在の状態を述べています。「ジョギングする」自体は動作動詞ですが、習慣的動作だと、その現在形がこのように、状態動詞の現在形と同じく、現在の状態を指し得るのは、習慣的動作が、1回から数回の動作とは異なり、定期的に繰り返し行なわれるため、恒常性が強いからです。

　以上のことから、日本語では、過去、現在、未来の3つの時は、3つの形、3つの時制で表わされるのではなく、次に示すように、過去時は動詞の過去形という過去時制によって、現在時と未来時は、動詞の現在形という現在時制によって表わされることが分かります（【付記3】参照）。

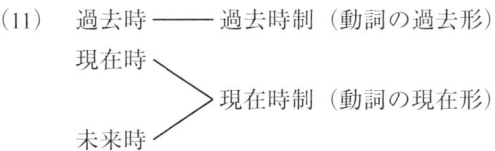

そうすると、時間は、過去、現在、未来の3つがありますが、それらを表わす時制は2つだけで、「未来時制」というものはないことになります。また、動詞の現在形が現在時と未来時を表わすわけですから、動詞の現在形を「現在時制」と呼ぶのは、厳密

には妥当でなく、過去時を表わす「過去時制」に対して、「非過去時制」とでも呼ぶのが正確と言えるでしょう（ただ、本章では分かりやすさのため、「現在時制」という言い方を用います）。したがって、時間と時制は、中学生の頃思っていたような1対1の対応はしていないことが以上から明らかです。

● He leaves for London tomorrow. と He will leave for London tomorrow.

　英語の場合も、動詞の現在形は、現在時と未来時の両方を指すことができます。次の例を見てください。

(12) a.　I **like** Hanako.［現在時］
　　 b.　Taro **understands** French.［現在時］
(13) a.　He **leaves** for London **tomorrow**.［未来時］（=5a）
　　 b.　Taro **graduates** from college **next year**.［未来時］

(12a, b)、(13a, b) は、上で見た (7a, b)、(8a, b) の日本語に対応しており、(12a, b) は話し手や太郎の現在の状態を、(13a, b) は彼や太郎の未来の動作を表わしており、動詞の現在形が、現在時と未来時の両方を表わすことが分かります（【付記4】参照）。

　そうすると、英語も日本語と同じように、未来時を表わす要素はなく、時制は2つで、現在時制が現在時と未来時を表わすと考えてよいのでしょうか。ここで、(13a)（(14a) として以下に再録）は、次の (14b) のように will を用いて表わすこともできます（同じことが (13b) についても言えます）。

(14) a.　He **leaves** for London **tomorrow**.［未来時］（=13a）

b.　He **will** leave for London **tomorrow**.［未来時］

（14a）と（14b）は、ともに彼が明日ロンドンへ出発するという未来のことを表わしていますが、両者の違いは何でしょうか。それは、(14a) が、彼の明日のロンドン出発がすでに確定しており、話し手がそれをもはや変更の余地のない確実なことだと見なしているのに対し、(14b) は、彼の明日のロンドンへの出発が、(14a) ほどには確定したものではなく、「明日ロンドンへ出発するだろう」という、話し手の現在の予測、推測を表わしているという点です。つまり、will は、日本語の「だろう／でしょう」と同様に、(14b) では話し手の推量、予測を表わしています。そして重要なことは、彼がロンドンへ出発するのは未来時に（明日）起こることですが、話し手がそう述べているのは、発話時の、つまり現在の予測だという点です。

　人は、未来のことを推測するだけでなく、現在や過去のことでも、その事実を知らなければ推測せざるを得ませんから、will は、未来時だけでなく、現在や過去の事柄に対しても用いられます。次の例を見てみましょう。

（15）a.　It **will** be cold and cloudy **tomorrow**.［未来時］
　　　b.　She **will** be out **now**.［現在時］（=4a）
　　　c.　He **will** have left for London **already**.［過去時］
　　　　「彼はすでにロンドンへ出発しただろう。」

（15a）は、話し手が明日の天候を現在の時点で予測しており、(15b) は、彼女が今は外出中だろうと、話し手が現在の時点で推測しており、(15c) は、彼がすでにロンドンへ出発しただろうと、過去のことについて話し手が現在の時点で推測をしています。し

たがって、will は未来時を表わす要素ではなく、話し手の現在の推測、予測を表わす助動詞ですから、will を未来時制要素と考えるのは妥当でないことになります。

● Will は法助動詞

上の（15a-c）の3つの文は、will を may に換えて次のように言うこともできます。

(16) a. It **may** be cold and cloudy **tomorrow**. ［未来時］
　　 b. She **may** be out **now**. ［現在時］
　　 c. He **may** have left for London **already**. ［過去時］
　　　　「彼はすでにロンドンへ出発したかもしれない。」

これらの文も、(15a-c) と同様に、未来、現在、過去の事柄に対する話し手の現在の推測、推量を表わしており（もちろん、may は、話し手の確信度が will の場合より低いという点で、will と異なっていますが）、その点で may（「〜かもしれない」）は、will と共通しています。そしてこの共通性は、may が未来を表わす未来時制要素でないのと同様に、will も未来を表わす未来時制要素でないことを示しています。つまり、will は、may や can, must などと同様に、話し手の推量や主語の能力、意志、傾向、さらに義務や許可など、「法」(modality) と呼ばれる意味内容を表わす「法助動詞」であり、時制を表わす要素ではありません（【付記5】参照）。そのため英語でも、日本語と同様に、未来時制というものはないことになります。

ただ、英語で「未来時制」として正当に認められるような文法概念はないものの、未来時を示す方法は、たとえば次に示すよう

に、いくつかあります。

(17) a. He **will** leave for London **tomorrow**. (=14b)
　　 b. He **is going to** leave for London **tomorrow**.
　　 c. He **is leaving** for London **tomorrow**.
　　 d. He **leaves** for London **tomorrow**. (=14a)
　　 e. He **will be leaving** for London **tomorrow**.
　　 f. He **is to** leave for London **tomorrow**.

Will を用いた (17a) は、彼が明日ロンドンへ出発するという未来の出来事を、すでに述べたように、話し手の現在の「予測、推測」として述べ、be going to を用いた (17b) は、その未来の出来事が時間的に間近い未来時であることを表わしています。また現在進行形を用いた (17c) は、彼のロンドンへの出発が、(荷物を準備したりして) すでに現在の時点でもう始まっているかのように捉えて述べ、現在形を用いた (17d) は、すでに述べたように、彼のロンドンへの出発が、現時点でもう「確定的」なものとして捉えています。さらに will be leaving を用いた (17e) は、現在進行形の is leaving を用いた (17c) に、話し手の現在の推測を表わす will がついていますから、彼の明日のロンドンへの出発がすでに始まっているものと話し手が現在の時点で推測しています。そして、be to を用いた (17f) は、その未来の出来事を彼の「予定」として述べています。そしてこのような点から、will (や動詞の現在形) だけでなく、be going to や現在進行形、will ＋進行形、be to も、それぞれの意味を担っており、未来時制ではないことが明らかです。

● Will のさらなる意味

　法助動詞の特徴のひとつは「多義性」で、たとえば can は、能力（He **can** speak three languages.）や可能性（Even experts **can** make mistakes.）、許可（You **can** park here.）などの意味を表わし、may もまた、推量・可能性（It **may** rain tomorrow.）や許可（You **may** sit down here.）などの意味を表わします。同様に will は、話し手の予測、推量だけでなく、次に示すような意味も表わします。

(18) a.　I **will** call you tonight.［意志］
　　　　「今晩電話します。」
　　b.　**Will** you close the door, please?［依頼］
　　　　「ドアを閉めてくれますか。」
　　c.　Boys **will** be boys.［習性］（ことわざ）
　　　　「男の子はやっぱり男の子だ。」
　　　　（男の子はいたずらも仕方がない）

(18a) の will は、主語（話し手）の意志を表わし、(18b) の will は、（聞き手の意志から転じて）聞き手に対する話し手の依頼を表わし、(18c) の will は、主語の習性を表わしています。そして、will が話し手の予測、推測だけでなく、このようにいくつかの意味を表わすということからも、will を未来時制要素だと考えるのは妥当でないことが分かります。そして、英語でも日本語と同様に、未来時を唯一的にマークするような未来時制形式はないということが、以上の議論からお分かりいただけたと思います。

● 結び

　本章では、学校文法（伝統文法）で、過去、現在、未来の3つの時（time）が、それぞれ動詞の過去形、動詞の現在形、will の3つの時制（tense）によって表わされると言われてきたのに対し、will は、未来の事柄だけでなく、現在や過去の事柄を表わす場合にも用いられることを示し、will を未来時制であると考えるのが妥当でないことを示しました。そして will は、話し手の予測や意志、依頼、主語の習性など、「法」と呼ばれる様々な意味を表わすことを示して、英語には、過去、現在、未来の3つの時を表わすのに、過去時制と現在時制（非過去時制）はあるものの、未来時制はないことを示しました。また、日本語の「だろう／でしょう」も、話し手の推量を表わす助動詞で、日本語でも過去時制と現在時制（非過去時制）のみがあり、未来時制はないことを示しました（【付記6】参照）。

現在形は何を表わすか？（1） 第2章

● 現在形は「現在、過去、未来」のどれでも指せる？

　以前、ある高校の英語の先生から次のような話をうかがったことがあります。先生の生徒さんが、英語の動詞の現在形は、(1) のように現在のことだけでなく、(2) や (3) のように、過去や未来のことでもすべて表わせるので、動詞の過去形や未来のことを表わす will などとどこが違っていて、どのように区別すればいいのかと尋ねられ、とっさのことで、答えに窮したと言われました。

(1)　You **look** quite tired. What's the matter.［現在時］
　　「とても疲れているようですが、どうしましたか。」
(2)　Benjamin Franklin **writes** that early to bed and early to rise makes a man healthy, wealthy and wise.［過去時］
　　「ベンジャミン・フランクリンは、早寝早起きをすれば、人は健康に、裕福に、そして賢くなると書いている。」
(3)　My son **graduates** from college next spring.［未来時］
　　「息子は来春、大学を卒業します。」

(1) では、話し手が聞き手に話している発話時（現在）において、聞き手が疲れているように見え、聞き手の現在の状況を尋ねていますから、動詞の現在形 look, is は、現在の事柄を表わしています。一方 (2) では、ベンジャミン・フランクリン（米国の政治家・

科学者・哲学者、1706-1790) が上の格言を書いたのは、もう二百年以上も前のことですから、動詞の現在形 writes は、過去の事柄を表わしていると考えられます。それに対し (3) では、話し手の子供が大学を卒業するのは来年春のことですから、動詞の現在形 graduates は、未来の事柄を表わしていると考えられます。

(1)–(3) のような文を見ると、動詞の現在形は、現在、過去、未来のどのようなことでも表わすことができ、過去形や未来を表わす表現を使わなくても、現在形だけで「事足れり」と思われてしまうかもしれません。しかし、形が違えば、もちろん意味が違っています。現在形はどのような意味を表わし、過去形や未来を表わす表現とはどのように違っているのでしょうか。(1)–(3) のような例はどのように説明されるのでしょうか。

本章と次章では、現在形に焦点を当て、このような問題の謎を解くことにします。まず本章では、現在形が表わす基本的な意味を明らかにし、次章で、(2) や (3) のような現在形の使用が、本章で示す現在形の基本的な意味から説明できることを明らかにしたいと思います。

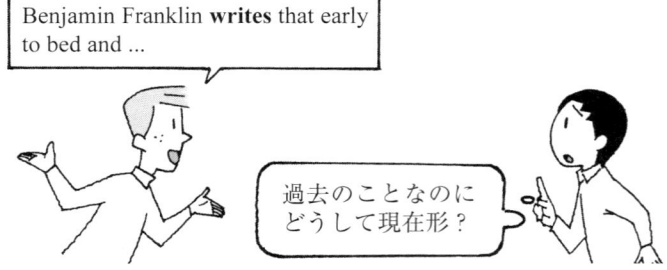

● 現在形が表わす意味 (1) —— 現在の状態

「現在」という言い方を、「発話時」という厳密な意味ではなく、発話時を含む過去から未来にかけてのより広い時間という意味で捉えると、英語の現在形は、この広い意味での現在の事柄を表わします。そして、それは3つに大別されます。その1つ目は、「現在の状態」を表わす場合で、次のような文がその例です。

(4) a. I **smell** something burning.
　　b. I **see** Mt. Fuji over there.
(5) a. She **has** beautiful blonde hair.
　　b. They **live** in Concord, Massachusetts.

(4a, b) の動詞 smell, see は状態動詞で、これらの文は、話し手が発話の時点で、何か焦げ臭いにおいがしたり、向こうに富士山が見えるという、現在の状態を述べています。(5a, b) の動詞 has, live も状態動詞で、これらの文は、彼女の髪が美しい金髪で、彼らが（アメリカ）マサチューセッツ州のコンコードに住んでいるという、現在の状態を述べています。

ただ、ここで注意すべきことは、(4a, b) と (5a, b) がともに現在の状態を表わすと言っても、その「現在」という言い方には大きな幅があり、(4a, b) では、発話の時点を中心としたわずかな時間に、焦げ臭いにおいがしたり、富士山が見えていますが、(5a, b) では、彼女が金髪だったり、彼らがコンコードに住んでいる状態は、現在を中心とした過去から未来にかけてのもっと長い時間で継続しています。このように、「現在の状態」という場合の「現在」は、発話時を中心とした大きな幅のあるものとして捉えなければなりませんが、(4) と (5) は、そのように捉えた

現在の状態を表わしています。

　(4a, b) の動詞 smell, see は、感覚を表わす状態動詞ですが、精神的活動を表わす状態動詞も、現在形は、次のように現在の状態を表わします。

(6) a. I **think** you are right.
　　b. I don't **doubt** he will come.
　　c. Speaker A: What did you have for dessert last night?
　　　 Speaker B: I **forget**.

(6a, b) は、話し手が聞き手のことを正しいと思っていたり、彼が来ることには何の疑いももっていないという、話し手の現在の状態を表わしています。(6cB) の forget は、非常に口語的でよく用いられる表現であり、「忘れる」(「忘れた」) というより、むしろ「思い出せない」という意味で (第7章の (12) を参照)、話し手が昨夜デザートに何を食べたか思い出せないという、現在の状態を表わしています。

　次のような現在進行形の文は、もちろん現在形ですから、このような文も現在の状態を表わしています (現在形と現在進行形の違いについては、第6章と第7章を参照)。

(7) a. They **are living** in Concord, Massachusetts. (cf. 5b)
　　b. John **is playing** the piano right now.

(7a) には、(5b) の They **live** in Concord, Massachusetts. と異なり、彼らが現在コンコードに一時的に住んでいるという意味合いがありますが、この文が彼らの現在の状態を表わしているという点では、(5b) と同じです。(7b) の動詞 play は、状態動詞ではなく

動作動詞ですが、ジョンがピアノを発話の時点で弾いているという継続的な状態を表わしており、この文も彼の現在の状態を表わしています。

ここで、(4a), (5b) を再録するとともに、現在形が表わす現在の状態を時系列で示しておきましょう（状態を ── で表わします）。

(4) a. I **smell** something burning.
(5) b. They **live** in Concord, Massachusetts.

(8)

```
            現在
過去 ─────┼───────── 未来
        ──────── 現在の状態
```

(8) で、── が「現在」を中心として「過去」から「未来」にかけて伸びていることに注意してください。これは、上で述べたように、「現在」が、発話時を中心とした大きな幅のあるものとして捉えられているからです。そのため、(4a) のような例だけでなく、(5b) のように、現在を中心として何十年にも及ぶような状態まで捉えることができます。

現在形はさらに、次の例のように、過去から未来にかけての極めて長期に及ぶ状態、言い換えれば、過去・現在・未来という時間を指定しない、言わば時間を超越した状態を表わすことができます。

(9) a. The United States of America **consists** of 50 states and one federal district, the District of Columbia.
　　b. Boston **faces** the Atlantic Ocean.
(10) a. Man **is** mortal. 「人は死ぬものだ」
　　b. The earth **moves** around the sun.
　　c. Ten minus three **makes** seven. 「10 − 3 は 7」
(11) a. Experience **is** the best teacher. 「経験は最良の師」
　　b. Time and tide **wait** for no man. 「歳月人を待たず」

（9a, b）は、アメリカ合衆国が 50 州とコロンビア特別区から成り、ボストンが大西洋に面しているという、歴史的、地誌的事実を述べています。（10a, b）は、人がいつかは死に、地球が太陽の周りを回るという、人や自然の摂理を述べ、（10c）は、10 から 3 を引けば 7 になるという、数学上の真理を述べています。さらに（11a, b）のような諺（や格言）は、時代を越えて言い伝えられてきたもので、その内容は、過去・現在・未来のどの時間にもあてはまるものです。したがって、このような現在形の用法は、（5b）（=They **live** in Concord, Massachusetts.）のように、過去から未来にかけての数十年にも及ぶものとして捉えられた「現在」のさらなる延長線上にあり、（8）の図の ── が途中で途切れることなく、過去から未来に伸びているものとして表わすことができます。したがって、現在形が現在の状態を表わすという場合、この「現在」は、このように極めて幅の広い、柔軟なものとして捉えておく必要があります。

● 現在形が表わす意味 (2)
── 現在の習慣的動作・出来事

　英語の現在形が現在の事柄を表わす2つ目の場合は、「現在の習慣的動作・出来事」と呼べる場合です。次の例を見てみましょう。

(12) a.　We **play** soccer after school every day.
　　 b.　He often **calls** me on Sunday morning.
　　 c.　In summer they **take** a vacation and **go** to Hawaii.
　　 d.　My son **gets** sick whenever he starts at a new daycare.

(12a) は、話し手たちが毎日放課後サッカーをし、(12b) は、彼が日曜の朝に話し手によく電話をし、(12c) は、彼らが夏に休暇をとってハワイに行くという、いずれも繰り返し行なわれる行為、動作を述べています。(12d) は、話し手の子供が新しい保育所に通い始めるといつも病気になるという、繰り返しの出来事を述べています。1回限りの動作・出来事は、その主体の状態を表わすとは言えませんが、繰り返して行なわれる動作・出来事は、その主体の状態を表わすということができます。ですから、習慣的な動作・出来事を表わすことを意図した動作・出来事動詞の現在形が、過去から未来に広がる時間を指すということは、状態動詞の現在形が過去から未来に広がる時間を指すという事実と変わりありません。

　ここで、動作・出来事を●で表わし、現在形が表わす現在の習慣的動作・出来事を (13) の時系列で示しておきましょう (動作・出来事は、一定の時間が経過して終了するものもあれば、一瞬で終了するものもありますが、●はそれらすべてを表わすものとし

(13)

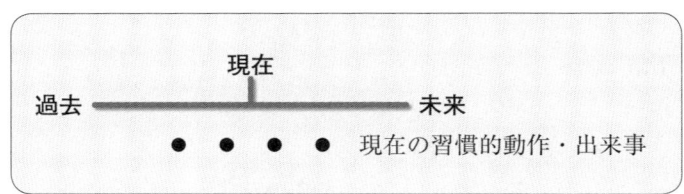

ここでも、上で述べたように、「現在」が発話時を含む過去から未来にかけての幅のある広い時間として捉えられていますから、●が「過去」から「未来」にかけて位置していることに注意してください。

現在形が表わす現在の習慣的動作・出来事が、過去・現在・未来に渡ってずっと繰り返されることによって、次のように、主語指示物の属性や特性が述べられる場合があります。

(14) a. Beavers **build** dams.「ビーバーはダムを作る。」
 b. Cats **catch** mice.「猫は鼠を捕まえる。」
 c. Birds **lay** eggs.「鳥は卵を産む。」
 d. In the fall, the leaves of maple trees **turn** yellow, and then orange, and then red.
  「秋には、カエデの葉は黄色になり、そしてオレンジ色になり、そして紅色になる。」

ビーバーがダムを作ったり、猫が鼠を捕まえたり、鳥が卵を産むという動作は、過去・現在・未来でずっと繰り返される動作であり、そのような習慣的動作により、(14a-c) では、ビーバーや猫、

鳥の属性が記述されています。また、(14d) で、秋にカエデの葉が黄色くなり、それから、オレンジ色になり、そして紅くなるのも、毎年起こる「習慣的」出来事で、カエデの葉の属性を表わします。そして、このような現在形の用法は、(13) の図の●の連続が左端と右端で途切れることなく、過去から未来に伸びているものとして表わすことができます。

● 現在形が表わす意味 (3)
── 現在の動作・出来事の実況的報道

現在形が現在の事柄を表わす3つ目の場合は、「現在の動作・出来事の実況的報道」と呼べる場合です。次の例を見てみましょう。

(15) a. I **cut up** the cucumber into razor-thin slices. I **mix** egg with them and **sprinkle** them with salt and pepper.（料理の実演）
「キュウリをかみそりのように薄く刻み、それに卵を混ぜ合わせ、塩とこしょうを振りかけます。」

b. Look, I **take** this card from the pack and **place** it under the handkerchief – like this.（手品師の口上）(Leech 2004: 7)
「いいですか、トランプの束からこのカードをとって、ハンカチの下に置きます、このように。」

c. Evans **passes** the ball to Rooney, who **heads** straight into the goal!（サッカーの実況放送）
「エバンズ、ルーニーにボールをパス。ルーニー、ボールをそのままヘディング。ゴール、決まりました。」

d. Ortiz **swings**. A hard line drive down the right field line! Ichiro **runs** over to get the ball as Ortiz **rounds** first and

goes toward second!（野球の実況放送）

「オルティース、バットを振ります。ライト線への痛烈なライナーです。イチローがボールを追っている間に、オルティースは１塁を回って２塁へ向かいます。」

(15a-d) の動詞は、(12a-d)、(14a-d) の動詞と同様に、すべて動作動詞ですが、これらの動詞は、その表わす動作がほぼ一瞬のうちに始まり、終わってしまうもの（sprinkle, take, place, pass, head, swing, round）、あるいは終了するまでにもう少し時間がかかるもの（cut up, mix, run, go）です。(15a-d) では、そのような動作が行なわれる様子を実況放送の（ような）形で話し手が述べており、これらの現在形は、現在（発話時を含むわずかな時間）の動作の実況的報道を表わしていると言えます（【付記】参照）。

　読者のみなさんの中には、動作動詞の現在形が現在の動作、行為を表わすのはあたり前のことなのに、どうして、「現在の動作の実況的報道」などとこと改めて特筆しなければならないのか、と不思議に思われる方もあると思いますが、実は、動作動詞の現在形が、習慣的でない現在の動作を指して使われるのは、極めて稀なことなのです。言い換えれば、たとえば Mary washes her hands with soft soap.（「メアリーはソフトソープ（軟石けん）で手を洗う」）という文は、「メアリーはソフトソープで手を洗うことを習慣としている」という習慣的動作を表わす文と解釈され、特別な文脈がない限り、「メアリーは、今ソフトソープで手を洗っています」という実況放送的文とは解釈されません。同じ理由で、英語のネイティヴスピーカーは、My puppy eats an apple.（「私の子犬はリンゴを食べる」）を不適格文、あるいは、極めて座りの悪い文と判断します。なぜなら、ネイティヴスピーカーは、この文を習慣的動作を表わす文と解釈しようとしますが、そうなら、

習慣的に食べるリンゴの数は 1 個ではありませんから、My puppy eats **apples**. でなければならないからです。あるいは、「毎日 1 個のリンゴ」を意図した文と思い、My puppy eats an apple **a day**. と言わなければいけない、と判断しているのかもしれません。特別な文脈がない限り、My puppy eats an apple. が、子犬がリンゴを食べているシーンの実況放送文かもしれない（あるいは、次章で述べる写真のキャプションかもしれない）ということがすぐには頭に浮かばないからです。

　現在形が表わす現在の動作・出来事の実況的報道は、ある人や物の出現や移動などを述べる次のような文にも見られます。

(16) a. Here **comes** the taxi. / Here **comes** Charlie.
　　　　「タクシーが来ました。／チャーリーがやってきた。」
　　 b. Up you **get**!「立ちましょうね。」
　　　　（転んだ子どもを起こして）
　　 c. There **goes** the bell!「あ、鐘が鳴る。」
　　 d. The vase **falls**!「あ、花瓶が落ちる。」

(16a-d) が表わすような動作・出来事も、短時間で終了する動作・出来事で、これらの文は、それを実況報道のような形で述べています。

　次のように、主語が話し手で、自分の行なおうとする行為（たとえば、助言や感謝、お詫び、約束、命令など）を現在形の動詞で表現する場合も、現在の瞬間的動作を表わすと言えます。

(17) a. I **advise** you to stop the project immediately.
　　　　「ただちに計画を中止するよう助言します。」
　　 b. I **apologize** for being late.

「遅れたことをお詫びします。」
c. We **thank** you for your assistance.
「ご援助に対し感謝します。」
d. I **promise** that I will never do it again.
「もう二度とそれをしないことを約束します。」
e. I now **pronounce** you husband and wife.（牧師の言葉）
「あなたがたが夫婦であることを宣言します。」

(17a-e)では、このような文を発することで、助言やお詫び、感謝、約束、宣言などの行為が成立することになり、このような動詞は「遂行動詞」(performative verbs) と呼ばれています。そして、このような動詞の現在形も、話し手が自分の行なう行為を実況報道のような形で述べていると言えます。

● 現在形が表わす意味をまとめると

以上で、現在形が現在の事柄を表わす場合を、(i) 現在の状態、(ii) 現在の習慣的動作・出来事、(iii) 現在の動作・出来事の実況的報道の3つに分けて説明しました。(i) では主に状態動詞が、(ii) と (iii) では動作・出来事動詞が用いられます。そして以上の例から、現在形は、現在においてある状態が続いていたり、ある動作や出来事が起こっていることを表わしているのが分かります。ここで、(iii) を時系列で表わし、(i) と (ii) を図示した (8) と (13) と合わせてみましょう (Quirk et al. (1985: 180) も参照)。

(18) They **live** in Concord, Massachusetts.（=5b）
(19) We **play** soccer after school every day.（=12a）
(20) I **cut up** the cucumber into razor-thin slices. I **mix** egg with

them and **sprinkle** them with salt and pepper.（=15a）

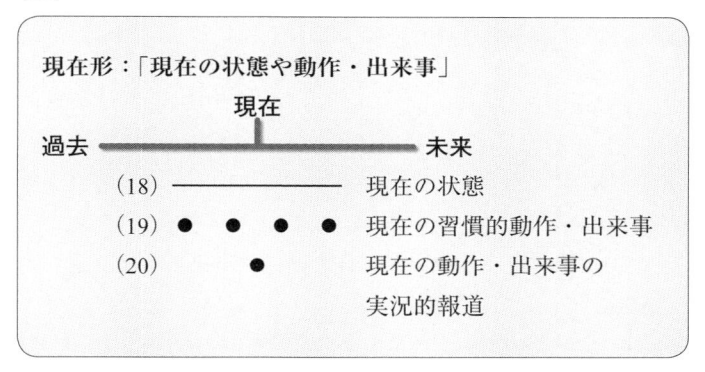

(21)

> 現在形：「現在の状態や動作・出来事」
>
> 　　　　　　　　　現在
> 過去 ━━━━━━━━━┼━━━━━━━━━ 未来
> 　(18)　──────　　　現在の状態
> 　(19)　● ● ● ●　　現在の習慣的動作・出来事
> 　(20)　　　●　　　　現在の動作・出来事の
> 　　　　　　　　　　　実況的報道

　この図の (20) の「現在の動作・出来事の実況的報道」は、1回だけの動作・出来事なので、●が1つで、発話時の現在に位置していることに注意してください。この用法は、すでに述べたように、現在形の特殊な用法ですが、それは、その動作・出来事の発話時前後の存在を意味しない、という点で、(18) の「現在の状態」、(19) の「現在の習慣的動作・出来事」指示の用法と一線を画しています。

　ここで、(21) の図から明らかなように、(18)–(20) の3つの場合で、同じ現在形が用いられている理由は、継続的状態であれ、習慣的動作・出来事であれ、動作・出来事の実況的報道であれ、あるいは、幅のある現在であれ、幅のない現在であれ、状態や動作・出来事が発話時を中心とした現在において起こっているためです。そのため、英語の現在形が表わす意味を次のようにまとめておきましょう。

> (22) **英語の現在形の意味**：英語の現在形は、動詞の表わす状態や動作・出来事が、発話時を中心とした現在において起こっていることを表わす。

 ここで繰り返しますが、(22) の「現在」というのは、発話時を中心として過去から未来にかけての幅のある時間です。そのため、(19) の習慣的動作・出来事を表わす現在形は、発話の時点でその動作・出来事が起きているわけではなく、そのような幅のある「現在」という時間の中で、当該の動作・出来事が繰り返し起きていることを意味します。

 以上で、英語の現在形の表わす意味が分かりました。次章では、この (22) の意味に基づいて、本章冒頭で示した (2), (3) のような例がどのように説明されるかを明らかにしたいと思います。

現在形は何を表わすか？ (2) 第3章

● 過去や未来の事柄でも現在形で表わせるのはなぜ？

　私たちは前章で、英語の現在形が表わす意味を次のように規定しました。

> (1) **英語の現在形の意味**：英語の現在形は、動詞の表わす状態や動作・出来事が、発話時を中心とした現在において起こっていることを表わす。

しかし、前章の冒頭で示したように、次のような文は、現在形が用いられているにもかかわらず、現在において起こっていることを表わしているのではなく、過去に起こったり、未来に起こることを表わしています。

(2) Benjamin Franklin **writes** that early to bed and early to rise makes a man healthy, wealthy and wise. ［過去時］
(3) My son **graduates** from college next spring. ［未来時］

> My son **graduates** from college next spring.

　　　　動詞現在形　　　　　　　　未来時

したがって、このような例は、(1) の現在形が表わす意味に矛盾しているように見えます。しかし本章では、(2) や (3) のような現在形の使用も、(1) とは矛盾なく説明できることを示したいと思います。

● 過去の事柄をあたかも今目の前で起きているかのように報告

　英語（や日本語）では、ご存知のことと思いますが、物語などで過去の出来事を現在形で表現し、それがあたかも読者の目の前で起こっているかのように生き生きと描写する「歴史的現在」と呼ばれる用法があります。次の例を見てみましょう。

(4) I couldn't believe it! Just as we arrived, up **comes** Ben and **slaps** me on the back as if we'**re** life-long friends. "Come on, old pal," he **says**, "Let me buy you a drink!" I'm telling you, I nearly fainted on the spot. (Quirk et al. 1985: 181)
「信じられませんでした。我々がちょうど着いたとき、ベンがやってきて、我々がまるで生涯の友であるかのよう

に私の背中を叩き、『さあ、君、一杯おごらせてくれよ』って言うんです。その場で気絶するかと思いました。」

歴史的現在は、(4) の Just as we **arrived** のように、まず過去形の文脈で過去の場面が設定されたあと、up **comes** Ben and **slaps** me ... のように現在形が用いられるのが特徴です。この現在形の使用は、前章で述べた「現在の動作・出来事の実況的報道」という機能－現在、目の前で起きている動作・出来事を動詞の現在形を用いて記述する機能－を過去の動作・出来事の記述に用いて、あたかもその動作・出来事が目の前で起きているかのような印象を与えることを意図するものと考えられます。前章で述べたように、動作・出来事動詞の現在形の実況的報道機能は、特殊なコンテクスト（たとえばスポーツの実況放送）にしか用いられない機能で、文法学者たちによってあまり観察されてこなかった機能ですが、私たちは、この機能が、歴史的現在形の基盤になっているものと考えます。

本章冒頭で示した (2)（(5a) として以下に再録）や次のような例は、上の「歴史的現在」と同様に説明することができます。

(5) a. Benjamin Franklin **writes** that early to bed and early to rise makes a man healthy, wealthy and wise.（=2）
   b. Brahms **completes** his first symphony in 1867.
      「ブラームスは 1867 年に最初の交響曲を完成。」
(6) a. I **hear** you've passed the exam. Congratulations!
      「試験に受かったこと、聞いてるよ。おめでとう。」
   b. The evening news **says** that the former president was implicated in the scandal.
      「夕方のニュースでは、前大統領がその汚職に関わっ

ていたと言っている。」

　ベンジャミン・フランクリン（1706-90）が（5a）の格言を書いたのは、もちろん過去のことですが、話し手は、writes と現在形を用いることによって、フランクリンがあたかもその格言を今、話し手や聞き手の目の前で書いているかのようなインパクトを与え、臨場感を高めていると考えられます。そしてこの点は、物語で用いられる歴史的現在と同様ですし、その基盤は、上で述べたように、現在形の「現在の動作・出来事の実況的報道」にあると考えられます。（5b）も同様で、ブラームスが最初の交響曲を完成したのは 1867 年であると明示しているものの、話し手は、それを completes と現在形で表現することによって、その過去の出来事があたかも今目の前で起きているかのような印象を聞き手に与えています。

　（6a, b）も同様に説明できます。（6a）で話し手は、聞き手が試験に合格したことをあたかも今聞いているかのように表現し、（6b）でも話し手は、ニュースが前大統領の汚職関与を今あたかも報道しているかのように表現し、どちらの事柄も今現在分かったかのような新しいものであるという印象を与えています。

● 「歴史的現在」が慣習的に用いられるジャンル

　歴史的現在は、上で見たように、過去の出来事を現在形で述べることによって、それがあたかも読者の目の前で今起こっているかのような臨場感を与える効果を持っていますが、この効果を利用して、慣習的に歴史的現在を使うことになっている（あるいは、使うことができる）ジャンルがあります。それは、たとえば、(i) 新聞の見出し、(ii) 写真のキャプション（短い説明文）、(iii) 年

表、(iv) 戯曲のト書き、(v) 小説や映画等のプロット、などです。以下では、これらの説明として (i)–(iii) を見てみましょう ((iv) や (v) についても同様のことが言えます)。

次の文は、*The Japan Times* の 2013 年元旦の記事の一部で、(a) が見出し、(b) がそれに続く文です。

(7) a. North **asks** to resume meetings in February
「北朝鮮、2月に会議再開を要請」
b. North Korea **has asked** Japan if bilateral talks can resume around February even though its provocative rocket launch in December was the cause of their postponement, sources said Sunday.
「北朝鮮は日本に、12月の挑発的なミサイル発射のせいで遅れているが、両国の話し合いを2月頃に再開できるかどうか打診してきた、と情報筋は日曜日に述べた。」

(8) a. Clinton **is hospitalized** with blood clot following accident
「クリントン氏、事故のあと血栓で入院」
b. Secretary of State Hillary Rodham Clinton **has been hospitalized** after suffering a blood clot following an accident last month, her senior State Department aide, Philippe Reines, said Sunday.
「ヒラリー・ローダム・クリントン米国務長官が、先月の事故のあと、血栓の治療のために入院した、と国務省報道官のフィリップ・ライネス氏が日曜日に述べた。」

(7b) の North Korea **has asked** Japan ... から分かるように、北朝鮮

は日本にすでに会議再開の要請をしていますが、(7a) の見出しでは、**asks** と現在形になっています。同様に、(8b) の Clinton **has been hospitalized** ... から分かるように、クリントン国務長官はすでに入院していますが、(8a) の見出しでは、**is hospitalized** と現在形になっています。このように、新聞の見出しでは、過去のことでも現在形で表現されることは、もう読者のみなさんはよくご存知のことと思います。

　新聞の見出しは、短く、簡潔でなければならず、そのため冠詞や前置詞等がよく省略されます。したがって、動詞が現在形になるのは、この簡潔さの理由によるところもあるでしょうが、(7a)、(8a) では、それぞれの出来事が、現在形を用いることで、あたかも読者の目の前で今起こっているかのような生き生きとしたインパクトを与えています。

　次に、写真のキャプションを考えてみましょう。次の2文は、*The Japan Times*（2013年1月1日）に掲載された写真（安倍首相が福島県川内村の住民と一緒に微笑んでいる写真と鳩山元首相がインタビューを受けている写真）の説明文ですが、どちらも現在形で表現されています。

(9) a. Prime Minister Shinzo Abe **smiles** during a visit with residents of Kawauchi, Fukushima Prefecture, on Saturday.
「安倍晋三首相、土曜日に福島県川内村を訪れ、住民と微笑む。」

b. Former Prime Minister Yukio Hatoyama **is interviewed** Dec. 25 at his office in Minato Ward, Tokyo.
「鳩山由紀夫元首相、東京港区の事務所でインタビューを受ける。」

安倍首相が川内村を訪れたり、鳩山元首相がインタビューを受けたのは過去のことであり、また、その際に写真が撮られたのも過去のことですが、その写真を見る人にとっては、目の前に写真がありますから、その写真があたかも現在の事柄を映し出しているかのように捉えられます。そのため、その説明文も現在形（あるいは現在進行形）を用いて表現されることになります。

次の記述は、インターネットからのベンジャミン・フランクリンの年譜の一部です。ここで、左側は、フランクリンが生きていた過去の年を示していますが、その年に起こった右側の出来事が現在形で表現されていることに留意してください（(5b) も参照）。

(10) 1722　**Becomes** a vegetarian
　　　1723　**Runs away** from apprenticeship, **goes** to New York and then to Philadelphia, where he **gains** employment as a printer.
　　　……
　　　1746　**Begins** extensive electrical experiments
　　　……
　　　1752　**Conducts** kite experiment
　　　……
　　　1787　**Signs** the United States Constitution
　　　1789　**Writes** anti-slavery treatise
　　　1790　April 17, **dies** in Philadelphia at the age of 84. 20,000 mourners **attend** his funeral at Philadelphia's Christ Church Burial Ground.

年表でこのように現在形が用いられるのは、過去の年に起こったそれぞれの出来事が、あたかも今読者の目の前でパノラマ的に起

こっているかのようなインパクトを与えるためであり、このような用法も歴史的現在の一種と言えます。

● 未来の事柄が現在起こっているかのように確実

次に、現在形が未来の事柄を表わしていると考えられる場合に移り、(3)（以下に（11a）として再録）や次の例を見てみましょう。

(11) a. My son **graduates** from college next spring.［未来時］(=3)
　　 b. The next Olympic Games **are held** in Brazil in 2016.
　　　　［未来時］
　　　　「次のオリンピックは 2016 年にブラジルで行なわれる。」
　　 c. Our plane **leaves** for Boston at 11 o'clock tomorrow.
　　　　［未来時］
　　　　「我々が乗る飛行機は明日 11 時にボストンへ発ちます。」
(12) a. My mother **is** 88 years old next year.［未来時］
　　　　「母は来年米寿です。」
　　 b. Next Christmas **falls** on a Friday this year.［未来時］
　　　　「今年のクリスマスは金曜日にあたる。」

(11a-c) で、話し手の子供が大学を卒業するのは来春であり、次のオリンピックが行なわれるのは 2016 年のことであり、ボストン行きの飛行機が出るのも明日のことですから、これらはすべて未来時に起こる動作です。また（12a, b）でも、話し手の母親が米寿を迎えるのは来年で、クリスマスが金曜になるのもまだ先の

ことで、ともに未来時に生じる状態です。それにもかかわらず、これらの文ではなぜ現在形が使われているのでしょうか。

それは、現在形が、(11a-c), (12a, b) で述べる未来の動作や状態を、あたかもタイムスリップをして、現在起こっている動作や状態であるかのように描写しているためです。歴史的現在が、過去の事柄を現在形で表現し、それがあたかも現在起こっているかのように描写するものであることを先に述べましたが、(11a-c), (12a, b) は、このちょうど逆で、未来の事柄を現在形で表現し、それがあたかも現在起こっているかのように描写しています。

しかし、過去の事柄は、すでに起こった事実なので、それをあたかも現在起こっているかのように生き生きと現在形で示すことはできても、未来の事柄はまだ起こっていないので、それを現在起こっているかのように現在形で表現することはできないと思われる読者のみなさんも多いかもしれません。それなのになぜ、(11a-c), (12a, b) では現在形が使えるのでしょうか。それは、これらの文で述べられている動作や状態が、現在の時点ですでに確定していて、確実で変更の余地がないものと分かっているためです。(11a) で、話し手の子供が大学を来年春に卒業したり、(12a) で話し手の母親が来年米寿を迎えるのは、現在の時点でもはや間違いのない、確実な事柄です。他の例でも同じことが言えます。つまり、これらの文は現在の事実を述べているので、現在形が使われています。したがって、これらの文で現在形が用いられることは、(1) の現在形の意味から自動的に説明されることになります。

(11a-c), (12a, b) のような例に対して、未来の事柄が現在の時点で確定しておらず、どのようになるか分からない事象は、現在形で表現することができず、次のような文は不適格となります。

(13) a. *It **snows** in New York tomorrow. ［未来時］
　　 b. *The Red Sox **lose** to the Yankees tonight. ［未来時］
　　 c. *He **passes** the entrance exam next spring. ［未来時］

明日の天候やレッドソックスの今夜の試合の勝敗は、現在の時点では、予言者でもない限り分からないことで、まだ確定していませんから、それをあたかも現在起こっているかのように記述することはできません。そのため、現在形を使うことはできず、（13a, b）は不適格となります。（13c）も同様です。

　現在形は、未来に起こる出来事（たとえば、入学式や結婚式）に関して、次の（14a）のように、その打ち合わせをしたり、段取りを確認したりする際や、（14b）のように、旅程を述べたりする際にも用いられます。

(14) a. After everyone is seated, the guests of honor **are** asked to make a speech. After that, everyone **starts** talking. This **is** where you **come** in.
　　　「全員が席に着いたら、主賓にスピーチをしてもらうよう依頼があります。その後、みなさんが話し始め、ここであなたの出番です。」
　　 b. We **arrive** at Narita Airport on Saturday and **go** to the hotel by taxi. On Sunday we **visit** Asakusa and **have** dinner with Mr. and Mrs. Ito.
　　　「我々は土曜日に成田空港に到着し、タクシーでホテルに行きます。日曜日に浅草を訪れ、伊藤さんご夫妻と夕食を一緒にします。」

そして、このような現在形の使用も、上で述べたのと同様で、こ

れらの文で述べられている出来事が、現在の時点ですでに確定しており、変更の余地がないと分かっているためです。

● 結び

　私たちは前章で、英語の現在形は、(i) 現在の状態、(ii) 現在の習慣的動作・出来事、(iii) 現在の動作・出来事の実況的報道、の3つを表わし、これら3つの場合が、次のようにまとめられることを示しました。

> (1) **英語の現在形の意味**：英語の現在形は、動詞の表わす状態や動作・出来事が、発話時を中心とした現在において起こっていることを表わす。

　そして本章では、物語などに見られる「歴史的現在」の用法が、現在形の「現在の動作・出来事の実況的報道」機能を過去の動作・出来事の記述に用いて、あたかもその動作・出来事が目の前で起きているかのような印象を与えることを意図するものであることを観察しました。そして、次のような現在形の使用も、フランクリンが格言をあたかも今、話し手や聞き手の目の前で書いているかのごとく、臨場感を高めたり、聞き手の試験の合格をあたかも今、話し手が聞いているかのごとく表現する用法であることを見ました。

(5) a. Benjamin Franklin **writes** that early to bed and early to rise makes a man healthy, wealthy and wise. (=2)

(6) a. I **hear** you've passed the exam. Congratulations!

さらに、このような現在形の効果を利用して、新聞の見出しや写真のキャプション、年表などでは、現在形が慣習的に用いられることを観察しました。

また、英語の現在形は次のように、現在の時点ですでに確定している未来の事柄も表わすことができますが、この場合も、それらがすでに変更の余地のない「事実」として見なされ、現在あたかも起こっているかのように表現することができるからであることを示しました。

(11) a.　My son **graduates** from college next spring.［未来時］(=3)
　　 b.　The next Olympic Games **are held** in Brazil in 2016.
　　　　　［未来時］

以上から、本章冒頭で提示した (2), (3) のような現在形の使用は、(1) の「現在形の意味」によって自動的に説明づけられることが分かりました。

過去形か現在完了形か？ 第4章

● **はじめに**

　ある大学の理学部の先生から以前、次のような質問を受けたことがあります。先生が国際学会に出席されたとき、研究発表を聴きに会場へ行ったら、司会者がそわそわとし、発表者がまだ到着していない様子だったそうです。予定の時間が過ぎても始まらず、本部に確認に行って戻ってきた司会者が次のように言ったそうです。

（1）　The first speaker **didn't come**. We **didn't receive** any information from him.

先生のご質問は、（1）の英文が正しいのかどうかということでした。

発表者は、会場に来る途中、何かトラブルにでも巻き込まれたのでしょうか。それはさておき、国際学会では、英語のネイティヴスピーカーではない人ももちろんたくさん出席し、上の司会者もネイティヴスピーカーではなかったのでしょう。(1)の英文は、この文脈では適切ではなく、次のように現在完了形を用いて表現されなければいけません。

(2) The first speaker **hasn't come** yet.　We **haven't received** any information from him.

(1)の過去形の文と(2)の現在完了形の文には、どのような意味の違いがあるのでしょうか。私たち日本人が、過去形と現在完了形のどちらを使うべきか迷うのは、これら2つの表現を区別する明確な形式が日本語にはなく、これら2つの英語表現と日本語の表現が一対一には対応していないからです。本章では、英語の過去形と現在完了形の意味や用法の違いについて明らかにしたいと思います。

● 過去形が表わす意味

　英語の過去形は、文字通り、動詞の表わす動作や状態が、<u>過去において起こったこと</u>を表わし、現在では、そのような動作や状態はもう終わっています。次の例を見てみましょう。

(3) 過去の1回の出来事
   a. Professor Yamanaka **won** the Nobel Prize for Physiology or Medicine in 2012.
   b. Jun **passed** the entrance exam for that difficult university.

（3a, b）では、2012年に山中教授がノーベル生理学・医学賞を受賞したり、淳が難関大学に合格したという、過去に起こった出来事が述べられています。

次の例でも、過去において起こった出来事が述べられていますが、その出来事が、（3a, b）とは違って1回きりのものではなく、繰り返し起こったことが示されています。

(4) 過去の繰り返しの出来事
 a. I **visited** John at the hospital several times.
 b. Jim **visited** France many times in his youth.

（4a, b）では、話し手がジョンのお見舞いに病院へ数回行ったり、ジムが若い頃にフランスへ何度も行ったことが述べられています。

（3a, b）、（4a, b）では、過去における出来事、動作が述べられていましたが、次の例では、過去における状態が述べられています。

(5) 過去の状態
 a. Yoshio and his family **lived** in New York for a year when he **was** a high school student.
 b. She **remained** unmarried all her life.

（5a, b）では、芳雄が高校生だったとき、彼と彼の家族が1年間ニューヨークに住んでいたり、彼女が生涯独身だったという、過去における一定の状態が述べられています。そして、過去においてそのような状態だったと述べているわけですから、芳雄と彼の家族は、現在はもうニューヨークに住んでおらず、彼女はすでに亡くなっているということが示されています。

(3)–(5) の例で分かるように、過去形は、過去においてある出来事や動作が起こったり、ある状態が続いていたことを示します。通例、明確な過去の時点が、in 2012, in his youth, when he was a high school student のような副詞句等で示されたり、文脈から了解されています。ここで、(3)–(5) が指し示す動作、状態を時系列で示してみましょう。動作を●で、状態を —— で表わします。動作は、The train **arrived**. のように、一瞬で終了するものもあれば、John **taught** Mary English. のように、長時間かかって終了するものもありますが、●はそれらすべてを表わすものとします。状態についても同様です。

(6) Professor Yamanaka **won** the Nobel Prize for Physiology or Medicine in 2012. (=3a)
(7) I **visited** John at the hospital several times. (=4a)
(8) Yoshio and his family **lived** in New York for a year when he **was** a high school student. (=5a)
(9)

> 過去形：「過去の動作・出来事や状態」
>
> 過去 ———————————— 現在 ———————————— 未来
>
> (6)　　●
> 　　〈ノーベル賞受賞〉
> (7)　●　●　●　●
> 　　〈繰り返しのお見舞い〉
> (8)　——————
> 　　〈N.Y. に住む〉

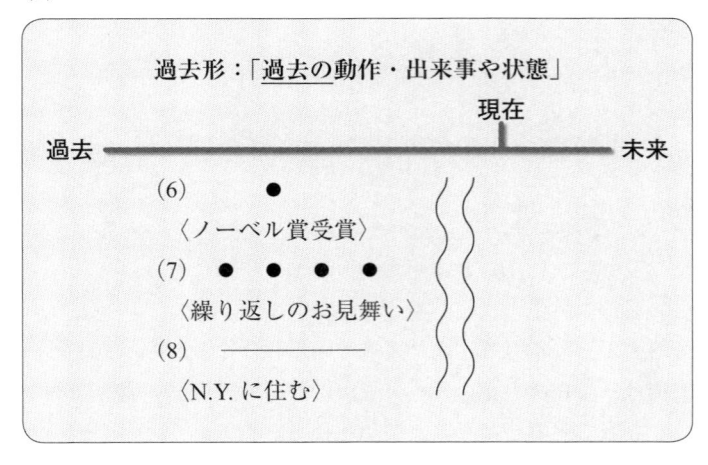

(8) では、lived と was の2つの動詞が状態を表わしていますが、(9) では、簡略化のため、lived の状態のみを示しています。正確には、芳雄が高校生だった3年の間に、1年だけニューヨークに住んでいたという、状態の一部重複が述べられています。

(9) の図から明らかなように、(6)–(8) の3つの場合で、同じ過去形が用いられている理由は、それらがいずれも、過去に起こった出来事や状態で、現在にはそのような出来事や状態が及んでいないためです。つまり、ノーベル賞受賞や繰り返しのお見舞い、ニューヨークでの滞在は、すでに終わっており、過去のものとなっています。(9) の図では、2本の波線を過去と現在の間に入れて、そのような動作や状態が過去のものであり、現在には及んでいないことを示しています。

以上から、英語の過去形は次のような意味を表わすことが分かります。

> (10) **英語の過去形の意味**：英語の過去形は、動詞の表わす動作・出来事や状態が過去において起こったことを表わし、それらが現在には及んでいないことを示す。

● 現在完了形が表わす意味

過去形が、動作・出来事や状態が過去において起こったことを表わすのに対し、現在完了形は、動作・出来事や状態が現在までに起こっていることを表わします。まず、次の例を見てみましょう。

(11) 現在までに起こった1回の出来事

    a. The author **has received** a major literary award for his

science fiction short story.
    b. **Have** you ever **visited** Las Vegas?
    c. I **have** already **finished** reading that book.

(11a-c) はいずれも、現在までに起こった過去のひとつの動作・出来事を現在時から見て経験済みであるという状態を表わしています。(11a) では、今話題にしている著者が、主要な文学賞をこれまでに受賞していることを彼の業績として述べています。(11b, c) でも、現在までにラスベガスに行ったことがあるか、話し手が現在までにもうその本を読み終えているという点が述べられ、現在完了形は、現在までに及ぶ時間副詞 ever や already, just などと共起することが多くあります。

次の例でも、現在までに起こった出来事が述べられていますが、その出来事が1回だけのものではなく、繰り返し起こったことが示されています。

(12) 現在までに起こった繰り返しの出来事
    a. I **have** often **walked** along the Tama River.
    b. She **has moved** four times since graduation.

(12a, b) では、話し手が現在までに多摩川沿いをよく散歩したり、彼女が卒業以来、これまでに4回引っ越しをしていることが述べられています。

さらに次の例では、ある過去の時点から現在に至るまでの状態が述べられています。

(13) 現在までの状態
    a. Yoshio and his family **have lived** in Los Angeles for five

years.（cf. 5a）
b. They **have known** each other since they first met in college.
c. Jim and Linda **have been** married for 25 years.

(13a) では、芳雄と彼の家族が現在までの5年間、ロサンゼルスに住んでいることが述べられ、他の文脈がなければ、これからもそこに住むだろうと推測されます。(13b, c) でも、彼らが大学で最初に出会って以来、これまでずっと知り合いであり、ジムとリンダが結婚して現在までで25年になる、という状態が述べられています。

They **have known** each other since they first met in college.（=13b）

(11)–(13) の例から分かるように、現在完了形は、現在までにある出来事や動作が起こったり、現在まである状態が続いていることを示しますから、先に少し触れましたが、just や recently, lately, these days, ever, already, yet などと共起することが多くあります。そして現在完了形は、現在の視点からこれまでに起こった動作や状態を述べる表現なので、過去の特定の時間を明示する副詞句とは、次のように共起することができません。

(14) a. *I **have finished** reading that book **last night**.

(cf. I **finished** reading that book last night.)
　b. ***When have** you **seen** the Phantom of Opera?
　(cf. When **did** you see the Phantom of Opera?)

（14a）では、話し手が昨夜その本を読み終えたと言っていますから、現在完了形は妥当でなく、過去形を用いなければいけません。同様に（14b）でも、「オペラ座の怪人」をいつ見たかと尋ね、過去の特定の時間を問題にしていますから、過去形を用いなければいけません。

　ここで、（11）–（13）が指し示す動作・出来事や状態を時系列で示すと、次のようになります。

（15）The author **has received** a major literary award for his science fiction short story.（=11a）
（16）I **have** often **walked** along the Tama River.（=12a）
（17）Yoshio and his family **have lived** in Los Angeles for five years.（=13a）
（18）

```
┌─────────────────────────────────────────────────┐
│     現在完了形:「現在までの動作・出来事や状態」          │
│                           現在                     │
│  過去 ──────────────────────┼──────────── 未来      │
│       （15）　　　　　　　●       │                 │
│            〈文学賞受賞〉          │                 │
│       （16）● ● ● ● ● ●         │                 │
│            〈繰り返しの散歩〉       │                 │
│       （17）──────────────        │                 │
│            〈LAに住んでいる〉       │                 │
└─────────────────────────────────────────────────┘
```

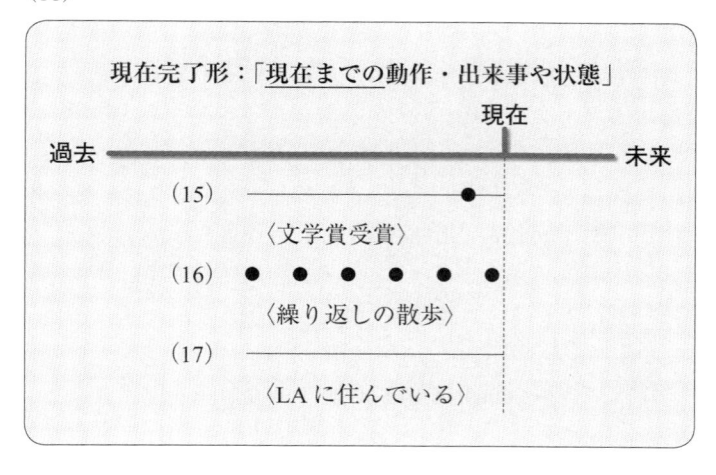

(18) の図のように、(15)–(17) の3つの例で、同じ現在完了形が用いられている理由は、それらがいずれも、過去のある時点から現在に至るまでに起こった動作・出来事や状態であり、現在と関係づけられているからです。以上から、英語の現在完了形は次のような意味を表わすことが分かります (【付記】参照)。

> (19) **英語の現在完了形の意味**：英語の現在完了形は、動詞の表わす動作・出来事や状態が現在までに起こったことを表わし、それらが現在と関係づけられていることを示す。

● 過去形と現在完了形の若干の意味の違い

過去形と現在完了形の表わす意味が、それぞれ (10) と (19) のようになり、異なっていることが分かったところで、これら2つの表現がともに用いられる場合に、どのようなニュアンスの違いが生じるかを若干の例で見てみましょう。まず、次の2文を見てください (Leech (2004: 38) 参照)。

(20) a. **Did** you **visit** the Monet exhibition?
  b. **Have** you **visited** the Monet exhibition?

(20a, b) はどちらも、日本語では「モネの展覧会に行った？」となりますが、過去形の (20a) は、その事態を少し以前の過去の出来事として捉えているのに対し、現在完了形の (20b) は、その事態をほんの最近の出来事として捉えています。その結果、前者では、モネの展覧会が、今ではもう終わっていると推測されま

すが、後者では、その展覧会が、今も続いていると考えられます。
　この事態の捉え方の違いは、次の２文にも見られます。

(21) a.　Sam **hurt** his ankle.
　　 b.　Sam **has hurt** his ankle.

(21a)の過去形の文は、サムが足首を痛めたのを少し前の過去の出来事として捉え、(21b)の現在完了形の文は、それをごくごく最近の出来事として捉えています。したがって、両者はそれぞれ、そのあとに次のような文が続くと自然です。

(22) a.　Sam **hurt** his ankle, that's why he **didn't compete** in the game.
　　　　「サムは足首を痛めたので、試合に参加しなかった。」
　　 b.　Sam **has hurt** his ankle, so he **needs** a ride.
　　　　「サムは足首を痛めているので、車に乗せて行ってもらわないといけない。」

さらに次の文を見てみましょう。

(23) a.　She **remained** unmarried all her life.（=5b）
　　 b.　She **has remained** unmarried all her life.

(23a)は、すでに(5b)で指摘したように、彼女が生涯独身だったという、過去の状態を述べていますから、彼女はもう亡くなっていると判断されます。それに対して(23b)では、現在完了形が、現在に至るまでの彼女の状態を述べ、これまでずっと独身でいると述べていますから、彼女はまだ生きていることが示唆されま

す。この点で、(23a) と (23b) には違いが見られます。

　本章冒頭で触れたように、英語の過去形と現在完了形にそれぞれ一対一に対応する別々の表現が日本語にはありませんから、(23a) の過去形の文だけでなく、(23b) の現在完了形の文も、「彼女は生涯独身だっ<u>た</u>」と訳せます。そのため、私たち日本人は、状況に応じて過去形と現在完了形のどちらを使うべきか、しばしば迷うことになります。次の 2 文も日本語にすると、どちらも「水道屋さん、来<u>た</u>？」となります。

(24) a. **Did** the plumber **come**?
　　b. **Has** the plumber **come**?

(24a) は過去形ですから、この文の質問者は、過去のある時点において水道屋さんが（修理などで自分の家に）来たかどうかを尋ねています。アメリカ英語では、このような文が、昨日より以前ではなく、「<u>今日</u>、水道屋さん来た？」のように、たとえば夫が夕方家に帰ってきて妻に尋ねるような場合にも用いられます。ただその場合でも、夫はそれを現在とは切り離した出来事として捉えていますから、まだ来ていない水道屋さんが、今日これからやってくる見込みはないと思っていることになります。一方、(24b) は現在完了形ですから、この文の質問者は、水道屋さんが現在の時点までにやってきたかどうかを尋ねています。そして、まだ来ていなくても、これからまだやって来る見込みがあると考えています。

　上で、(24a, b) は日本語でともに、「水道屋さん、来た？」と訳すことができ、日英語で一対一の対応がないことを述べましたが、この文に否定形で答えるとき、日本語では興味深い区別をします。

(25)

水道屋さん、来た？
　　いいえ、来ませんでした。
　　（過去）

　　いいえ、（まだ）来ていません。
　　（現在完了）

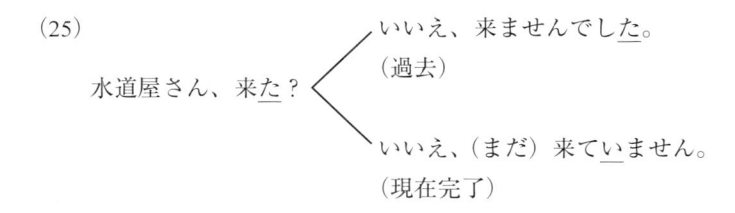

「水道屋さん、来た？」が過去形の Did the plumber come? に相当し、No, he didn't（come）. と答える場合は、「いいえ、来ませんでした（来なかった）」となるのに対し、「水道屋さん、来た？」が現在完了形の Has the plumber come? に相当し、No, he hasn't（come）. と答える場合は、「いいえ、（まだ）来ていません（来ていない）」となることに注意してください。後者の場合に「いいえ、来ませんでした」と答えることはできません。

以上の考察から、過去形と現在完了形の重要な違いを次のようにまとめることができます。

(26) **過去形と現在完了形の違い**：過去形は、現在の状態とは切り離された過去の動作・出来事や状態を述べるのに対し、現在完了形は、過去に起きた動作・出来事、あるいは、過去から続いている状態の、現在にもたらす状態を述べる。

● (1) の過去形の文はなぜおかしいか？

以上で、本章冒頭でお話しした司会者の発言 (1)（以下に再録）が、なぜ不適切で、(2)（以下に再録）のように表現されなければならないか、お分かりになったと思います。それぞれの発言が

第4章 過去形か現在完了形か？ 51

ふさわしい状況を合わせて図示します。

(1) The first speaker **didn't come**. We **didn't receive** any information from him.（司会者の発言）

> 過去　　　　　　　　　　　現在
> ―――――――|　　　　　　|―――――――
> 発表者未到着状態　　　　発表開始予定時
> The first speaker **didn't come**.　　司会者発話時

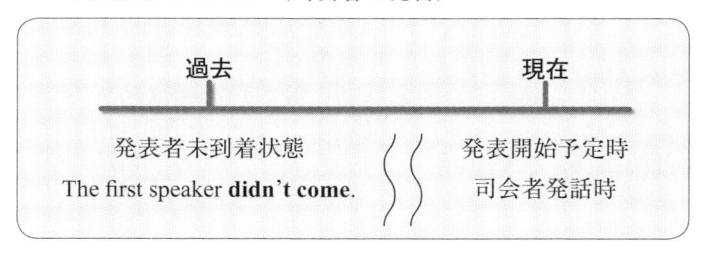

(2) The first speaker **hasn't come** yet. We **haven't received** any information from him.（司会者の発言）

> 　　　　　　　　　　　現在
> ――――――――――――|――――――――――
> 　　　　　　発表開始予定時
> 　　　　　　司会者発話時
> 　　　　　　発表者未到着状態
> 　The first speaker **hasn't arrived / hasn't come** yet.

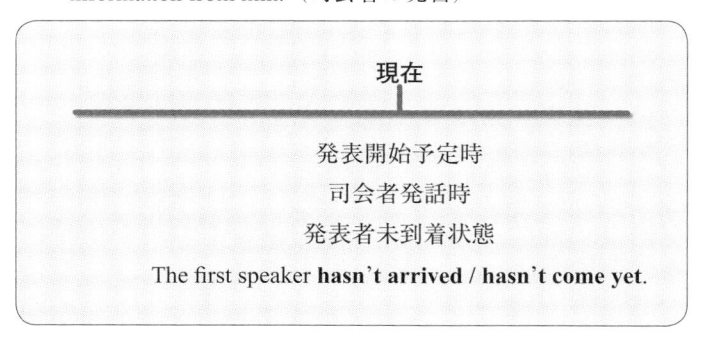

　学会会場での司会者の発言の意図は、発表者がまだ会場に未到着の状態であることを聴衆に伝えることです。しかし、この状況で司会者が（1）の過去形の文を用いると、発表者が、司会者の発話時から見て過去の時間に（たとえば30分前に）会場に到着していなかったことだけを伝える文となってしまい、そのあと、発表者が司会者の発話時までに到着したか到着していないか、に

ついては何も述べていないおかしな発言となります。それに対し、司会者が (2) の現在完了形の文を用いれば、発表者が、司会者の発話時の時点でまだ会場に到着していないことを聴衆に伝えることになり、司会者の発言は意図に沿ったものとなります。

> The first speaker **hasn't come yet**.

● **結び**

本章では、英語の過去形と現在完了形が、それぞれどのような意味を表わし、どのような状況を描写するのに用いられるかを明らかにし、両者の意味や使い方の違いを具体例を通して観察しました。特に、過去形は、動詞の表わす動作・出来事や状態が過去において起こったことを表わし、それらが現在には及んでいないことを示すのに対し、現在完了形は、動詞の表わす動作・出来事や状態が現在までに起こったことを表わし、それらが現在と関係づけられていることを示します。したがって、本章冒頭で触れたように、学会発表が始まったばかりのときに、発表者がまだ現われていない場合、司会者は、次の (1) のようには言えず、(2) の現在完了形の文を用いなければなりませんでした。

(1) The first speaker **didn't come**. We **didn't receive** any information from him.
(2) The first speaker **hasn't come** yet. We **haven't received** any information from him.

　私たち日本人は、過去形と現在完了形の使い分けに関してしばしば苦労しますが、上記のような違いを念頭に置いて、両者を正しく使い分けたいものです。

Shakespeare [wrote / has written] a lot of plays. はどちらも正しい?

第5章

● **過去形と現在完了形**

　私たちは前章で、次の（1a, b）のような英文は、日本語ではどちらも、「彼、来た？」と同じに表現されるものの、過去形と現在完了形は、その意味や用法に重要な違いがあることを観察しました。

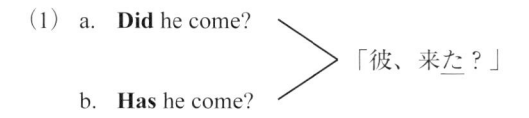

（1）　a.　**Did** he come?
　　　　　　　　　　　　　　＞「彼、来た？」
　　　b.　**Has** he come?

　さて、それでは、次の日本語を英語に直すとどうなるでしょう。（3a）の過去形を用いた文が正しいことは、すでに明らかだと思われますが、（3b）の現在完了形の文も正しいのでしょうか。あるいは、（3a）のみ正しく、（3b）は間違いなのでしょうか。

（2）　シェイクスピアは多くの劇を書いた。
（3）　a.　Shakespeare **wrote** a lot of plays.
　　　b.　Shakespeare **has written** a lot of plays.

私たちはグーグルで、(3a, b) に対応する次の表現の用例数を調べてみました。

（4）　a.　Shakespeare **wrote** ... :　　　　566,000 例［約 3.5 倍］
　　　b.　Shakespeare **has written** ... :　162,000 例

グーグルのデータベースには、英米語のネイティヴスピーカーでない人たちによって書かれた英米語の文章が含まれていますから、この点は注意が必要ですが、(4a, b) を見ると、Shakespeare **wrote** ... と過去形を用いている例が 56 万 6 千、一方、Shakespeare **has written** ... と現在完了形を用いている例が 16 万 2 千で、どちらもかなりの数にのぼります。そのため、(3a, b) は、どちらも正しいと言えるのでしょうか。あるいは、(4a, b) で、過去形の使用例が現在完了形の使用例の約 3.5 倍ですから、(3a) の過去形が正しく、(3b) の現在完了形は間違いなのでしょうか。本章では、このような過去形と現在完了形の使用とその傾向について明らかにしたいと思います。

● シェイクスピアは故人

私たちは前章で次の 2 文を取り上げ、過去形の (5a) では、彼女がすでに亡くなっているのに対し、現在完了形の (5b) では、彼女がまだ生きていることが示唆されることを観察しました。

(5) a. She **remained** unmarried all her life.
　　b. She **has remained** unmarried all her life.

　これは、過去形が、過去における動作や状態を表わし、それらが現在には及んでいないのに対し、現在完了形が、現在までの動作や状態を表わし、それらが現在と関係づけられていることを示す表現だからです。

　シェイクスピアは、ご存知のように、『ハムレット』や『マクベス』、『リア王』など、多くの劇を書いたイギリスの劇作家ですが、1564年に生まれ、1616年に死んでいます。400年前に亡くなっている人物ですので、(2)の「シェイクスピアは多くの劇を書いた」という日本語に対する英文は、過去形を用いた(3a)のShakespeare **wrote** a lot of plays. が正しく、現在完了形を用いた(3b)の Shakespeare **has written** a lot of plays. は間違いだということになるのでしょうか。

　この点に関連して、Leech (2004: 40-41) は、次の2組の例をあげ、それぞれに括弧内の説明を与えています。

(6) a. **Did** Anton Chekhov **write** any novels? ［チェーホフはもう死んでいる―あるいは少なくとも彼はもう執筆活動をしていない］
　　b. **Has** Tom Stoppard **written** any novels? ［ストッパードはまだ生きている―あるいは少なくとも彼はまだ現役の作家である］
(7) a. For generations, Sparta **produced** Greece's greatest warriors. ［スパルタは、必ずしもとは言えないが、もはや存在しないと推測される］
　　b. For generations, Nepal **has produced** the world's greatest

soldiers.［ネパールはまだ存在する］

少し注釈を加えますと、(6a) の Anton Chekhov は、1860 年生まれのロシアの作家で、1904 年に死んでいます。一方 (6b) の Tom Stoppard は、1937 年生まれで、チェコ生まれの英国の劇作家ですが、現在（2013 年）も活躍中です。次に (7a) のスパルタは、Peloponnesus 半島にあった古代ギリシャのポリスで、Laconia の首都、一方、(7b) のネパールは、現存する国家です。

(6a, b), (7a, b) の例文に対する Leech の説明で、読者のみなさんは一層、(2) の日本語に対する英文は、(3a) の過去形が正しく、(3b) の現在完了形は間違いだと思われることでしょう。

● Shakespeare has written a lot of plays. は、本当に間違いか？

しかし、上で示したように、(4b) の Shakespeare **has written** ... の用例は 16 万 2 千件もあり、その多くはネイティヴスピーカーが書いたものと考えられます。私たちのネイティヴスピーカー・コンサルタント（うち 2 名は言語学 Ph.D.）は、自分はここでは過去形を用いるし、用いるべきだと思うが、他の人が現在完了形を用いても、それほど違和感はないし、理解できると言います。それにインターネットを調べてみると、故人であることが明示されているにもかかわらず、現在完了形が使われている次の (8) のような例があったり、Shakespeare を Dickens に替えてグーグル検索を行なうと、(9) のように、現在完了形の用例数が過去形の用例数を上回っていたりします。

(8) What do you think is the most shocking ending the **late** Dame

Agatha Christie **has written**?
「故アガサ・クリスティー氏が書いた最もショッキングな結末は何だとお考えですか。」

(9) a. Dickens **wrote** ... :　　　　　216,000 例
　　b. Dickens **has written** ... :　　234,000 例［約 1.08 倍］

(8) のアガサ・クリスティーは、みなさんもよくご存知でしょうが、英国の推理小説家（1890-1976）で、すでに 36 年前に亡くなっていますが、現在完了形が使われています。(9) のディケンズ（Charles Dickens）もよく知られているように、『オリバー・ツイスト』や『二都物語』、『クリスマス・キャロル』などを書いた英国の小説家（1812-1870）で、すでに死後 140 年余りが経っていますが、Dickens **wrote** ... が 21 万 6 千例、Dickens **has written** ... が 23 万 4 千例あり、現在完了形の例が過去形の例より若干多くあります。

　主語が故人であっても、これだけ多くの現在完了形の用例があり、それに対してネイティヴスピーカーも違和感を感じないとすれば、Shakespeare **has written** a lot of plays. を間違いだとは言えないと考えた方がよさそうです。それではこの事実をどのように説明すればいいのでしょうか。

● 人は死して「書物」を残す

　多くのネイティヴスピーカーが、すでに故人である作家が書いた行為を、過去形だけでなく、現在完了形を用いて述べるという事実は、その作家が書いた書物が有名で、人々の周りに現存するので、人々は無意識のうちに、その作家も自分たちの周りに現存しているように捉えるためだと考えられます。つまり、作家は生

きていなくても、その作品は生きており、その作品を通して、作家が現在と関係づけられているためだと考えられます。

　したがって、人々が故人の作家を現在と関係づけるためには、その作家や作品が（かなり）有名で、現在も人々に親しまれ、身近なものである必要があると考えられます。その点で、シェイクスピアやディケンズ、アガサ・クリスティーは、極めて有名な（劇）作家、推理小説家ですから、この人たちが書いたという場合に、過去形だけでなく、現在完了形が多用されるのだと考えられます。つまり、Shakespeare **wrote** a lot of plays. だけでなく、Shakespeare **has written** a lot of plays. も、正しい文ということになります。そして、シェイクスピアとディケンズはともに有名な（劇）作家ですが、シェイクスピアの場合は過去形の使用が現在完了形の使用より多い（約3.5倍）のに対し、ディケンズの場合は逆に、現在完了形の使用が過去形の使用を上回っているという事実は、ディケンズの方がシェイクスピアより現在に近く、ディケンズの小説の方がシェイクスピアの劇作より、現代人にとって身近に感じられていることを示していると考えられます。

　上記の裏付けとして、あまり一般の人々には知られていない作家、たとえばトーマス・カーライル（Thomas Carlyle）（1795年、スコットランド生まれの評論家、思想家、歴史家で、1881年に死去）の場合をグーグル検索してみると、次のような結果でした。

(10) a.　Thomas Carlyle **wrote** ... :　　　424,000 例
　　 b.　Thomas Carlyle **has written** ... :　　　9 例

過去形が42万4千例あるのに対し、現在完了形は、わずかに9例しかありません。

　さらに、歴史をもっとさかのぼって、その超古典的作品が現在

第5章 Shakespeare [wrote / has written] a lot of plays. はどちらも正しい?　61

身近に存在するとは考えられにくい人、たとえばホメーロス（Homer）（紀元前9－8世紀頃のギリシャの詩人）の場合をグーグル検索してみると、次のような結果でした。

（11）a.　Homer **wrote** Iliad and Odyssey:　　1,210 例
　　　b.　Homer **has written** Iliad and Odyssey:　　0 例

過去形が1,210例なのに対し、現在完了形は1例もありません。したがって、これらの事実は、上記の説明や、Shakespeare **wrote** a lot of plays. だけでなく、Shakespeare **has written** a lot of plays. も正しい文であるという、本章の主張を裏づけるものと考えられます。

●「書く」行為以外は?

「書く」という行為は、書いた結果として書物が残り、それが現存することになりますが、「言う」という行為も、その行為者が有名人であれば、言った事柄が、人々に教えをもたらし、いつまでも残る「名言、格言」となります。そして、その名言、格言によって、それを言った人も人々の周りに今も現存するかのように捉えられることになります。そのため、シェイクスピアで said と has said をグーグル検索すると、次のような結果になっています。

（12）a.　Shakespeare **said** ... :　　　　　273,000 例
　　　b.　Shakespeare **has said** ... :　　　386,000 例［1.4 倍］

said の過去形が27万3千例、一方、has said の現在完了形が38

万6千例で、後者の方が1.4倍で上回っています。この統計は、(4)に示した Shakespeare **wrote** …（566,000 例）と Shakespeare **has written** …（162,000 例）の統計と興味深い対照を示します。(12b)のように、シェイクスピアが残した名言・格言を伝える現在完了形文の過去形文に対する比率が、シェイクスピアが残した作品を伝える現在完了形文の過去形文に対する比率より高い、という事実は、シェイクスピアの残した名言・格言の方が、シェイクスピアの残した作品より現時点で身近に感じられる、というもっともな現象に起因するものと考えられます（【付記】参照）。

これに対し、同じ有名人でも、たとえば「ニュートンが重力を発見した」とか、「アインシュタインが相対性理論を証明した」というような場合は、重力や相対性理論が、我々の目に見える現存物としては意識されにくく、その発見や証明が過去のことですから、このような文のグーグル検索では、現在完了形を使う例が、皆無です。

(13) a.　Newton **found** the law of universal gravitation:　　124 例
　　 b.　Newton **has found** the law of universal gravitation:　　0 例
(14) a.　Einstein **proved** the theory of relativity:　　1,090 例
　　 b.　Einstein **has proved** the theory of relativity:　　0 例

● まとめ

本章では、人の行為が過去のもので、現在には及んでいない場合、本来なら、その行為は過去形で記述されるはずなのに、次のような現在完了形を用いた表現がグーグル検索でも多く見られ、ネイティヴスピーカーもそのような表現にあまり違和感を持たないのはなぜかを考えました。

(15) Shakespeare **has written / said** ...

そしてその答えは、作家は故人となっていても、残した書物や名言が身近なものとして捉えられ、それゆえに、あたかも作家が今も生きているかのごとく捉えられているからです。そのため、本章では、(15) のような現在完了形の文は、過去形の文とともに、正しい英文であることを主張しました。

　次に、この考えや主張の証拠として、シェイクスピアをあまり有名でない人に替えたり、もっと時代をさかのぼって、現在とはもはや関係が薄い人にすると、現在完了形の使用は、極端に減り、有名人でも、「書いた／言った」のような行為ではなく、「発見した」のような行為だと、その発見したものが現存物として意識されなかったり、永続的でない場合は、現在完了形の使用が極端に減ることを観察しました。

「バスが止まっている」は
The bus is stopping. か？

第6章

● 英語の進行形は日本語の「〜ている」か？

英語のテストで、次のような問題が出たとします。

> (1) 次の日本語を英訳したものが、正しければ ○、間違っていれば × をつけなさい。
>   A. 彼女は今ピアノを弾いている。
>   She **is playing** the piano now.
>   B. バスがあそこに止まっている。
>   The bus **is stopping** over there.
>   C. 私は毎日聖書を読んでいる。
>   I **am reading** the Bible every day.
>   D. お客さんが次々と到着している。
>   The guests **are arriving**.
>   E. スズメがあそこで死んでいる。
>   A sparrow **is dying** over there.

正解は、(A) と (C), (D) が ○、(B) と (E) が × です。すべて正しく答えられましたか。

(1) の問題では、日本語の「〜ている」という表現に対応して、英語ではすべて進行形が用いられています。しかしこの問題をやってみると、両者は対応する場合と、対応しない場合があると

いうことが分かります。中学ではよく、英語の進行形は日本語の「〜ている」に対応していると教えられますが、そうとは限らないわけですね。それでは、日本語の「〜ている」と英語の進行形は、それぞれどのような場合に用いられ、どのような共通点と相違点があるのでしょうか。本章ではこの謎を解きたいと思います。

● 英語の進行形

それではまず、英語の進行形から考えてみましょう。進行形は、一定の時間内である動作が進行、連続している（in progress）様子を表わします。そして、その進行、連続の仕方には、以下の3つの種類があります（久野・高見（2005）『謎解きの英文法——文の意味』第1章を参照）。まず、ひとつ目が次です。

進行形1：発話時（あるいは発話が指し示す時点）に進行している動作

(2) a. She is playing the piano now. (=1A)
　　b. She is reading a book in her room.
　　c. John was watching TV when I went to his room.

(2a, b) では、ピアノを弾くという動作、本を読むという動作が、発話の時点で進行していることを表わします。一方 (2c) は、「私がジョンの部屋に入ったとき」という表現で指し示された時点で、テレビを見るという動作が進行していたことを表わします。

次に、2つ目の進行の仕方を見てみましょう。

進行形2：同じ動作主によって断続的に行なわれる動作の連続

(3) a. I am reading the Bible every day. (=1C)

b. We are studying English at school.

（3a）は、話し手がある時から、たとえば１日に１時間聖書を読むという動作の繰り返しを始め、その断続的な動作が、今も、そして未来にかけて進行中であることを示します。ただしこの場合、発話の時点で実際に聖書を読んでいるかどうかは問題ではなく、仮にその時点で読んでいなくても構いません。（3b）も（3a）と同様で、話し手たちが、ある時から英語の勉強を始め、今もそれを継続しているという意味で、英語を勉強するという断続的な動作が、（未来を含めての）ある一定の時間内で継続していることを表わします。そしてこの場合も、発話の時点で実際に勉強しているかどうかは問題ではなく、仮にその時点で勉強していなくても構いません。

最後に、３つ目の進行の仕方を見てみましょう。

進行形３：異なった動作主によって断続的に行なわれる動作の連続

(4) a. The guests are arriving. (=1D)

b. More and more people are dying of cancer these days.

（4a）は、客が今着きつつあるという状態を意味するのではなく、すでに着いている人もいれば、まだ着いていない人もいて、順次到着している様子を表現しています。つまり、この文は、異なった動作主による断続的動作が、過去から現在、そして未来にかけて進行していることを表わしています。また（4b）は、最近は癌で亡くなる人が増えているという意味で、すでに亡くなった人もいれば、まだ亡くなってはいないが近い将来亡くなるであろう人もいて、これも（4a）と同様に、異なった動作主に関する出来事

が過去から現在、そして未来にかけて進行中であることを表わします。

ここで、(2)–(4) が指し示す動作、出来事を時系列で示すと、次のようになります（継続的動作を■で、断続的動作を●で表わします）。

(5) She is playing the piano now.（=2a/1A）

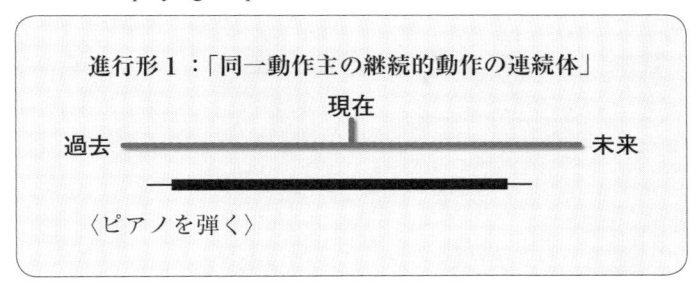

進行形1：「同一動作主の継続的動作の連続体」

過去 ─────── 現在 ─────── 未来

〈ピアノを弾く〉

(6) I am reading the Bible every day.（=3a/1C）

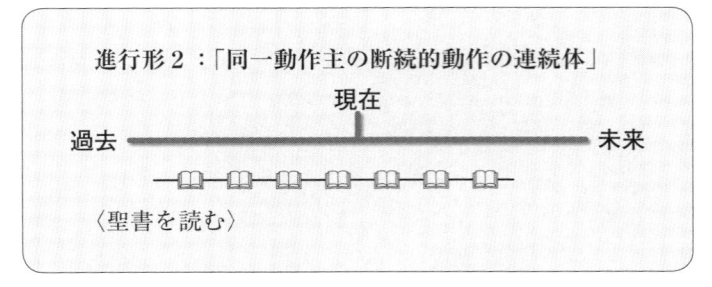

進行形2：「同一動作主の断続的動作の連続体」

過去 ─────── 現在 ─────── 未来

〈聖書を読む〉

(7) The guests are arriving. (=4a/1D)

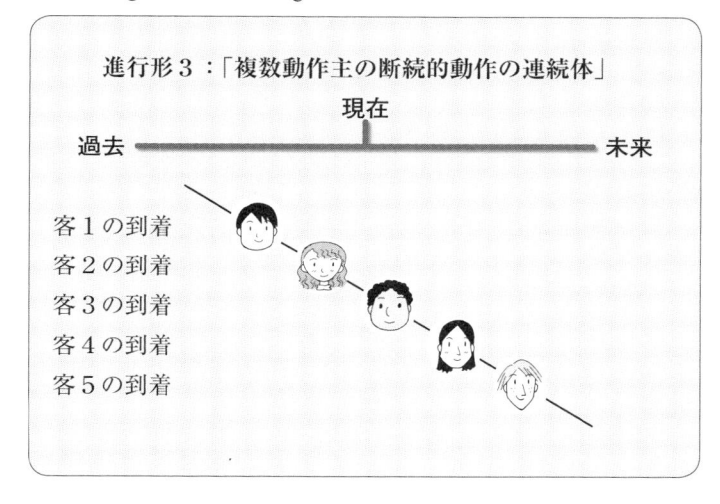

```
進行形3：「複数動作主の断続的動作の連続体」
                     現在
   過去 ──────────┼──────────→ 未来

   客1の到着
   客2の到着
   客3の到着
   客4の到着
   客5の到着
```

上の図から明らかなように、(5)–(7) の3つの場合で、同じ進行形が用いられている理由は、それらがいずれも、動作、出来事の連続を表わしているからです。

以上から、進行形は次のような意味を表わすことが分かります（【付記1】参照）。

(8)《英語の進行形の意味》英語の進行形は、継続的、または断続的動作・出来事が一定の時間内で進行、連続していることを表わす。

● 日本語の「〜ている」形 (1)

日本語では、動詞に「〜ている」という表現が伴うと、大まか

に言って2つの意味を表わし、その1つは、前節で観察した英語の進行形に対応するものですが、もう1つは、英語の進行形とは異なるものです。本節ではまず、英語の進行形に対応する意味を見てみましょう。

前節で、英語の進行形は、一定の時間内である動作・出来事が進行、連続している様子を表わし、その進行、連続の仕方に3つの場合があることを見ました。日本語の「〜ている」形も、これら3つの場合に対応する意味を表わします。次の例を見てみましょう。

(9) a. 彼女は今ピアノを弾いている。（=1A）
　　 b. 学生たちが踊っている。
　　 c. 子供たちがプールで楽しそうに泳いでいる。
(10) a. 私は毎日聖書を読んでいる。（=1C）
　　 b. 私たちは学校で英語を勉強している。
(11) a. イラクではアメリカ兵が次々と死んでいる。
　　 b. お客さんが次々とホテルに到着している。（cf. 1D）

(9a-c) は、英語の (2a, b) と同様で、ピアノを弾くという動作、踊るという動作、泳ぐという動作が、発話の時点で進行していることを表わします。したがって、これらの文が表わす動作は、進行形1の「同一動作主の継続的動作の連続体」で、それを図示すると、(2a) の She is playing the piano now. を図示した (5) と同じになります。

次に (10a, b) は、英語の I am reading the Bible every day.（=3a）、We are studying English at school.（=3b）に対応しており、進行形2の「同一動作主の断続的動作の連続体」を表わしています。したがって、(10a, b) の表わす動作を図示すれば、(6) と同じもの

になります。

　最後に (11a, b) は、英語の More and more people are dying of cancer these days.（=4b）, The guests are arriving.（=4a）に対応しており、進行形3の「複数動作主の断続的動作の連続体」を表わしています。したがって、(11a, b) の表わす動作・出来事を図示すれば、(7) と同じものになります。

　これで、日本語の「～ている」形は、英語の進行形が表わす3つの意味 (5)–(7) をすべて表わすことが分かりました。したがって、本章冒頭の問題 (1A), (1C), (1D) は、英語と日本語がぴったり一致しており、これらは正しいことが分かります。

● 日本語の「～ている」形 (2)

　日本語の「～ている」形は、英語の進行形が表わす<u>動作・出来事の進行、連続</u>だけでなく、ある動作・出来事が終わって、その後に生じる<u>結果状態の進行、連続</u>をも表わします。この点が、両者の決定的な違いです。次の例を見てみましょう。

(12) a.　バスがあそこに止まっ<u>ている</u>。（=1B）
　　 b.　スズメがあそこで死ん<u>でいる</u>。（=1E）
　　 c.　木が倒れ<u>ている</u>。
　　 d.　服が汚れ<u>ている</u>。

(12a-d) は、バスが止まったり、スズメが死んだり、木が倒れたり、服が汚れるという動作・出来事は、すでに過去において起こっており、これらの文では、そのような出来事のあとに生じた<u>結果状態</u>が、現在まで続いていることを表わします。

　(9a-c) の「ピアノを弾いている、踊っている、泳いでいる」

が動作継続を表わすのに対し、(12a-d) の「止まっている、死んでいる、倒れている、汚れている」が結果（状態）継続を表わすのはなぜでしょうか。それは、動作継続になる「弾く、踊る、泳ぐ」という動詞の表わす動作は、続けようと思えばいつまでも続けられる、いわば終点のない動作ですが、結果（状態）継続になる「止まる、死ぬ、倒れる、汚れる」という動詞の表わす動作・出来事は、一瞬のうちに、あるいは一定時間の経過の後に、必然的に終了する動作だからです。この違いが、動作継続になるか、結果（状態）継続になるかを決定づけています。

ここで、(12a) が表わす意味を (5)–(7) に習って時系列で示してみましょう。「バスが止まる」というような終点のある動作を、(6),(7) の断続的動作と同様に●で示し、その後の状態を ── で表わします。

(13) バスがあそこに止まっている。(=12a/1B)

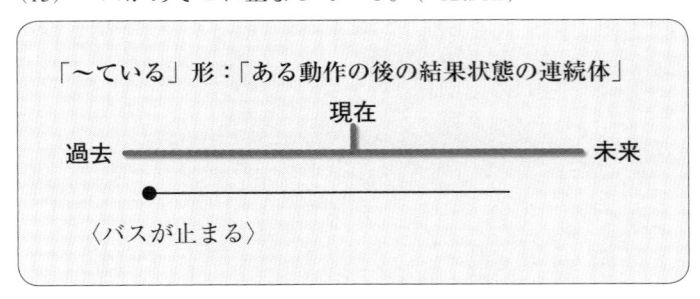

「〜ている」形：「ある動作の後の結果状態の連続体」

過去 ────────────現在──────────── 未来
        ●━━━━━━━━━━━━━━━━━━━━━━
        〈バスが止まる〉

さらに次の例を見てみましょう。

(14) a. 広島県は瀬戸内海に面している。
　　 b. この道は神戸に通じている。
　　 c. ほとんどのハサミは先がとがっている。

これらの例は、(12a-d) と基本的に同じで、ある動作・出来事が生じた後の結果状態が続いていることを表わしています。ただ、(12a-d) では、バスが止まったり、木が倒れたのは、発話時の現在に近い過去のことでしょうが、(14a-c) では、当該の出来事が、現在よりはるか以前に起こっているという違いがあります。(14a) の「広島県は瀬戸内海に面している」は、日本列島ができた時点で、現在広島県と呼ばれる地域が、現在瀬戸内海と呼ばれる海に向かい合い、結果としてその状態が現在にまで及んでいることを示しています。また (14b) の「この道は神戸に通じている」も、神戸に通じる道路が出来上がった時点がはるか以前にあり、その道路ができた結果状態が現在にまで及んでいることを示しています。(14c) も同様です。したがって、たとえば (14a) を図示すると、次のようになります（動作、出来事を示す●が、「日本列島ができたとき」とか、「道路ができたとき」のように、現在よりはるか以前のため、括弧に入れて示します）。

(15) 広島県は瀬戸内海に面している。(=14a)

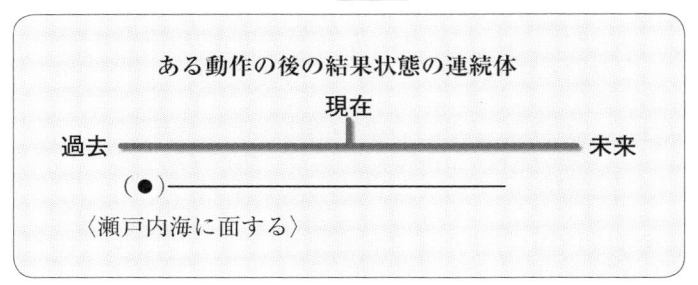

```
           ある動作の後の結果状態の連続体
                        現在
                         |
     過去 ━━━━━━━━━━━━━━━━━━━━━━━ 未来
            (●)━━━━━━━━━━━━━━━
            〈瀬戸内海に面する〉
```

(12) と (14) の例は、「～ている」形が表わす意味に若干の違いはありますが、それらを示した上の2つの図から分かるように、これらは基本的に同じで、いずれも、ある動作の後に生じた

結果状態が継続していることを表わしています。

以上の考察から、「〜ている」形は、次のような意味を表わすことが分かります（【付記2】参照）。

> (16)《「〜ている」形の意味》「〜ている」形は、ある動作・出来事、あるいはその後に生じる結果状態が、「〜ている」形が指し示す時点において進行、連続していることを表わす。

英語の進行形の意味（8）と日本語の「〜ている」形の意味（16）を比べて分かるように、英語の進行形は、ある動作・出来事の進行、連続のみを表わすのに対し、日本語の「〜ている」形は、動作・出来事の進行、連続だけでなく、ある動作・出来事が終了した後の結果状態の進行、連続も表わします。

ここで、本章冒頭のまだ残っている問題を見てみると、(1B)の「バスがあそこに止まっている」は、バスが止まり、その後の停車した状態にあるという結果状態の継続を表わし、(1E)の「スズメがあそこに死んでいる」も、スズメが死んで、その後の死んだ状態にあるという結果状態の継続を表わしています。英語の進行形は、このような結果状態の継続は表わせないので、これら2つの問題は間違いだということが分かります。

● The bus is stopping. はどういう意味？

それでは、進行形が用いられている(1B)や(1E)（以下に再録）は、どのような意味を表わすのでしょうか。

（1） B． The bus **is stopping** over there.
　　 E． A sparrow **is dying** over there.

（1B）は、バスが速度をゆるめ、次第に止まろうとしている過程を意味します。つまり、「バスが<u>止まりかけている</u>、<u>止まりつつある</u>」という意味です。ここで進行形が許されるのは、この止まろうとする過程（兆候）がすでに始まっており、発話時点で継続中で、終了していないからです。したがって、この文の進行形が表わす意味も、進行形使用の基本条件（8）を完全に満たしていることが分かります。（1E）も同様で、この文は、「スズメがあそこで<u>死にかけている</u>、<u>死につつある</u>」という意味で、死に至る過程（兆候）がすでに始まっていて、発話時点で継続中で、終了していない（つまり、まだ死んでいない）ことを表わします。そしてこの意味も、進行形使用の基本条件（8）を完全に満たしています。

The bus **is stopping**.

バスが<u>止まっている</u>。

同じことは、次のような文についても言えます。

(17) a.　The next train to Alewife Station is now approaching.（実例）
　　 b.　The next train to Alewife Station is now arriving. （実例）
　　 c.　I'm finishing my homework.

(17a, b) は、駅のプラットフォームでエールワイフ行きの電車を待っているときに流れてきたアナウンスですが、「電車が近づいています、間もなく到着します」という意味です。つまり、「到着する」という終点に向かって、動くという動作が継続しています。(17c) も同様で、話し手が宿題を終えつつある、終わりかけているという意味で、まだ終わってはいませんが、「終わる」という終点に向かって、宿題を仕上げる動作が継続しています。そして、(17a-c) が表わすこのような意味は、進行形使用の基本条件 (8) を完全に満たしています。

ここで、もうお気づきのことと思いますが、arrive や die のように、その表わす動作が必然的に終了する動詞の場合は、主語が同じ動作主か、異なる動作主かで、解釈が違ってきます。主語が同一動作主で、たとえば The train is arriving. と言えば、その電車はまだ着いておらず、間もなく到着する（着きつつある）という意味ですが、主語が複数動作主で、The guests are arriving. (=4a/1D) と言えば、すでに着いている人もいれば、まだ着いていない人もいて、順次到着している様子を表わします。

しかし、主語が複数動作主の場合は、次のように、全員が間もなく到着するという意味になることもあります。

(18) a.　Ambassador and Mrs. Smith are arriving now.
　　 b.　Three guests are arriving now.

したがって、主語が複数動作主の場合は、理論的には解釈が2通りあって、そのどちらになるかは、文脈や社会常識によって決まることになります。

● 結果状態の継続は英語ではどのように表現するか？

それでは、(1B) と (1E) の日本語は、英語ではどのように表現するのでしょうか。まず、(1B) の「バスが止まっている」は、状況に応じて、次のようにさまざまに表現されます【付記3】参照）。

(19) a. Hurry up, the bus **is waiting**.
（バスが停留所で乗客を待っいる時など）
b. The bus **is idling** while the driver is waiting for his timer to go off.
（エンジンがかかって、アイドリングしている時）
c. The bus to Reading **is sitting** / **is** over there.
（バスがある所に止まっており、停車している時）
d. The bus is **parked**.（駐車してある場合）
［parked は「駐車した」という意味の形容詞］
e. The bus **was stopped** when it was hit from behind.
（一時的に（故障などして）止まって動かない場合）

(19a) の進行形 is waiting は、「バスが乗客を待つ」という動作が継続していることを表わし、(19b) の進行形 is idling も、「バスが（エンジンを）アイドリングする」という動作が継続していることを表わすので、(8) の進行形使用の基本条件を満たしています。また (19c) の進行形 is sitting も、バスが一定の時間内で停

車するという動作を継続していることを表わし、(8) を満たしています。

(1B) と同じことが、(1E) の「スズメがあそこで死んでいる」についても言えます。これは、スズメが過去のある時に死んで、その結果状態（死んだ状態）が継続していることを表わすので、英語では、形容詞 dead（死んでいる）を用いて、There's a **dead** sparrow over there.（あるいは、There's a sparrow **dead** over there.）のように表現します。

● まとめ

本章では、英語の進行形と日本語の「～ている」という表現が、それぞれどのような場合に用いられ、どのような共通点と相違点があるかを考察しました。そして、英語の進行形は、ある動作・出来事の連続体を表わすのに対し、日本語の「～ている」形は、ある動作・出来事の連続体だけでなく、ある動作・出来事の後に生じる結果状態の連続体も表わすことが分かりました。したがって、「～ている」形が表わす意味領域の方が、英語の進行形の表わす意味領域より広いので、本章冒頭の問題で、(A) と (C)，(D) は日英語で両者が対応していますが、(B) と (E) では食い違いが生じ、日本語の「～ている」形すべてを英語の進行形で表わすことはできないということが分かりました。

コラム①

「到着した」は is arriving か？

　前章をお読みいただいたみなさんは、上の表題を見て、「到着した」は is arriving ではないことにお気づきのことでしょう。Arrive や stop, die が進行形で用いられた次のような文は、その主語の電車やバスがまだ到着したり、止まったりはしておらず、犬もまだ死んではいません。

(1) a. The next train to Alewife Station **is now arriving**. （実例）（前章の（17b））
　　b. The bus **is stopping**.
　　c. The dog **is dying**.

（1a-c）は、電車が間もなく到着したり、バスが止まりかけていたり、犬が死につつあるということを述べています。
　ところが、私たち日本人が、たとえば The boy **is running**. が、「少年が走っている」であるため、英語の進行形は日本語の「〜ている」に対応していると思い、（1a-c）のような進行形を「到着している、止まっている、死んでいる」と考えてしまう間違いは多いようです。
　このコラムでは、著者の一人が成田空港の到着ロビーで経験したことをお話しします。ある夏の暑い日でしたが、ロビーでは、飛行機が到着するたびに、それを知らせるアナウンスが、まず日本語、次に英語で流れていました。アナウンスは次のよ

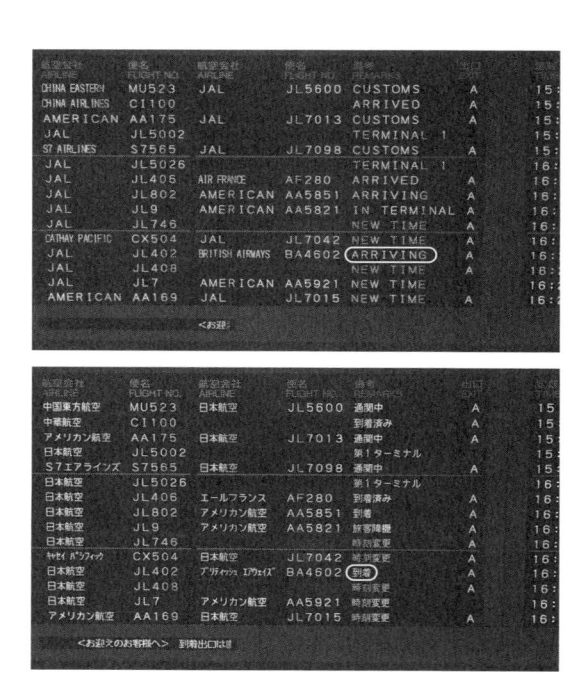

航空会社 AIRLINE	便名 FLIGHT NO.	航空会社 AIRLINE	便名 FLIGHT NO.	備考 REMARKS	出口 EXIT	
CHINA EASTERN	MU523	JAL	JL5600	CUSTOMS	A	15:
CHINA AIRLINES	CI100			ARRIVED	A	15:
AMERICAN	AA175	JAL	JL7013	CUSTOMS	A	15:
JAL	JL5002			TERMINAL 1		15:
S7 AIRLINES	S7565	JAL	JL7098	CUSTOMS	A	15:
JAL	JL5026			TERMINAL 1		16:
JAL	JL406	AIR FRANCE	AF280	ARRIVED		16:
JAL	JL802	AMERICAN	AA5851	ARRIVING		16:
JAL	JL9	AMERICAN	AA5821	IN TERMINAL		16:
JAL	JL746			NEW TIME		16:
CATHAY PACIFIC	CX504	JAL	JL7042	NEW TIME		16:
JAL	JL402	BRITISH AIRWAYS	BA4602	(ARRIVING)		16:
JAL	JL408			NEW TIME		16:
JAL	JL7	AMERICAN	AA5921	NEW TIME		16:
AMERICAN	AA169	JAL	JL7015	NEW TIME	A	16:

航空会社 AIRLINE	便名 FLIGHT NO.	航空会社 AIRLINE	便名 FLIGHT NO.	備考 REMARKS	出口 EXIT	
中国東方航空	MU523	日本航空	JL5600	通関中	A	15
中華航空	CI100			到着済み	A	15
アメリカン航空	AA175	日本航空	JL7013	通関中	A	15
日本航空	JL5002			第1ターミナル		15
S7エアラインズ	S7565	日本航空	JL7098	通関中	A	15
日本航空	JL5026			第1ターミナル		16
日本航空	JL406	エールフランス	AF280	到着済み		16
日本航空	JL802	アメリカン航空	AA5851	到着		16
日本航空	JL9	アメリカン航空	AA5821	旅客降機		16
日本航空	JL746			時刻変更		16
キャセイパシフィック	CX504	日本航空	JL7042	時刻変更		16
日本航空	JL402	ブリティッシュ エアウェイズ	BA4602	(到着)		16
日本航空	JL408			時刻変更		16
日本航空	JL7	アメリカン航空	AA5921	時刻変更		16
アメリカン航空	AA169	日本航空	JL7015	時刻変更		16

うな表現で、飛行機の到着のたびに、航空会社と便名、到着ゲートが変わるだけで、あとはまったく同じ表現でした。

(2) 日本航空402便は、ただ今64番ゲートに<u>到着しました</u>。
(3) Japan Airlines Flight 402 **is** now **arriving** at Gate 64.

しかし、(2)の日本語と(3)の英語は、アナウンスが意図していることと違って、同じ内容ではありません。これでは同じ飛行機が、(2)では、成田空港の64番ゲートに<u>到着した</u>と言っているのに、(3)では、64番ゲートに<u>間もなく到着する</u>という、

違った内容をアナウンスしていて、日本語と英語が明らかに対応していません。つまり、(3) の英語は、(2) の日本語と合っておらず、間違いということになります。

それでは、(2) の「ただ今到着しました」が、どうして (3) のように is now arriving と表現されたのでしょうか。おそらくそれは、次のように考えられた結果だと思われます。

(4) 到着した ＝（もう）到着している → 日本語の「〜ている」形 ＝ 英語の進行形 → is arriving

日本航空 402 便が「到着した」ということは、その飛行機が「今到着している、着いている」ということです。そして、日本語の「〜ている」表現は、多くの場合、英語の進行形に相当しますから、「到着する、着く」の英語 arrive を進行形にして、is arriving と表現したものだと思われます。しかし、ここに大きな落とし穴があったわけです。アナウンスの日本語 (2) は、日本航空 402 便が成田空港の 64 番ゲートに「ただ今到着しました」という到着完了を伝えるものなのに、(3) は、到着が間近ではあるけれども、まだ完了していない（到着していない）ことを伝える文です。到着完了を伝えるには、その飛行機がすでに 64 番ゲートにいることを述べる次の表現でなければいけません。

(5) Japan Airlines Flight 402 **has** just / now **arrived** at Gate 64.

進行形を用いた (3) は、日本航空 402 便が、(着陸態勢に入っているか、) 滑走路に着地したか、滑走路から 64 番ゲートに

向かっているかを伝える文です。したがって、(2) の日本語にあたる (5) の現在完了形の文とは、意味が大きく食い違っているわけです (【付記】参照)。

ここで、arrive や stop, die が進行形になると、どうして「間もなく到着する」や「止まりかけている」、「死にかけている」という意味になるのか考えてみましょう。これらの動詞は、「瞬間動詞」とこれまで呼ばれてきた用法、つまり、瞬間的に起きる動作、出来事を表わす用法と、実はもう1つ、その瞬間的に起きる到達点と、その到達点に至るまでの過程（兆候）を表わす用法の2つがあります。たとえば、次の (a) が前者の用法で、(b) が後者の用法です（久野・高見（2005: 19-22）を参照）。

(6) a. The bus **stopped** at the station at 3:45 p.m. as scheduled.
　　b. He hit the brakes, and the car **gradually stopped**.（実例）
　　「彼はブレーキを踏んだ。そして車は、徐々に止まった。」
(7) a. She **arrived** at the airport early this morning.
　　b. The train **slowly arrived** at Platform 9 and Molly and Kate got on.（実例）
　　「電車はゆっくりと9番プラットフォームに到着し、モリーとケイトは乗り込んだ。」

(6a) は、バスが予定通り、3時45分に駅に着いたと述べていますから、stop が瞬間動詞として用いられている例です。(7a) の arrive も同様です。一方 (6b) は、stop が「徐々に」(gradually) という副詞で修飾されていますから、瞬間動詞

ではなく、最終的に止まるという到達点事象に至るまでの過程（兆候）、つまり、速度をゆるめ、次第に止まろうとしている過程もその意味内容の一部とした「非瞬間動詞」です。(7b)でも、arrive が「ゆっくりと」(slowly)という副詞で修飾されていますから、この arrive は、電車が速度を落とし、9番プラットフォームにゆっくりと到着する過程を表わす非瞬間動詞です。したがって、stop や arrive が進行形になると、この止まろうとしたり、到着しようとする過程（兆候）がすでに始まっていて、発話時点で継続中で、終了していないことを表わすことになります。同様に、die が進行形になれるのは、瞬間動詞としての用法ではなく、最終的な死という状態に到達するまでの過程（兆候）、つまり、食欲がなくなり、歩くことが困難になり、呼吸が困難になるというような兆候をその意味内容の一部とする非瞬間動詞の用法があるからです。そして進行形になると、この死に至るまでの兆候がすでに始まっていて、発話時点で継続中で、終了していない（つまり、まだ死んでいない）という意味を表わします。Stop や arrive, die の瞬間動詞としての用法は、瞬間に生じる事象を表わし、その瞬間に生じる事象が継続することはあり得ませんから、進行形にはなりません。

　前章で考察したように、英語の進行形は、ある一定の時間内で、ある動作や出来事が継続し、進行していることを表わします。したがって、arrive や stop, die のような動詞が非瞬間動詞として進行形になり、上のような到達点に至るまでの過程（兆候）が継続しているという意味を表わすのは、まさにこの進行形使用の基本条件を完全に満たしているわけです。

　最後に余談ですが、成田空港に数ヶ月後、再度行った際に、上で述べたアナウンスはどうなっているかと思いました。する

と、(2)と(3)の航空会社と便名、到着ゲートが替わるだけで、「ただ今到着しました」が is now arriving と表現されたアナウンスが、以前と同じように流れていました。また別の機会に羽田空港に行った際にも、次のアナウンスが流れてきました。

(8) 徳島からの日本航空 1442 便は、ただ今到着いたしました。
Japan Airlines Flight 1442 from Tokushima **is** now **arriving**.

つまり、空港全体でこのような正確でない表現が、長期間に渡って繰り返し用いられていることになり、そのような表現がこれまで訂正されることもなく、ずっと用いられていることに少し驚きを感じました。

I'm loving it. なんて言えるの？

第7章

● マクドナルドのキャッチコピー、i'm lovin' it.

　本章のタイトルの英語、I'm loving it（i'm lovin' it）. は、みなさんもよくご存知のハンバーガーショップ、マクドナルド社が、2003年9月に使い始めたキャッチコピーで、アメリカだけでなく、日本でも幅広く知られています。この文の it は、マクドナルドの商品だけでなく、マクドナルドのお店やそこの雰囲気など、様々なものを指して、話し手がこの文で、「私はそれが好き！」とか、「これは美味しい！」など、色々な意味をこめたものと思われますが、動詞 love が進行形で使われています。私たちは前章で、英語の進行形と日本語の「〜ている」表現について考察し、英語の進行形は次のような意味を表わし、日本語の「〜ている」形が表わすような、ある動作や出来事の後に生じる状態の連続は表わさないことを示しました。

> (1)《英語の進行形の意味》英語の進行形は、継続的、または断続的動作・出来事が一定の時間内で進行、連続していることを表わす。

　「〜が好きである／〜を愛している、〜が美味しい」というのは、ある人や物の状態を表わしており、次に示すように、一般に進行形で用いられることはありません。

(2) a. I **love** / **like** my mother.

b. *I **am loving** / **liking** my mother.

(3) a. This soup **tastes** good.

b. *This soup **is tasting** good.

つまり、love や like, taste は、resemble（似ている）、know（知っている）、own（持っている、所有している）、admire（慕っている）、need（必要としている）のような動詞と同じく、主語指示物の状態を表わす「状態動詞」であり、walk, jump, swim のような、主語指示物の動作を表わす「動作動詞」ではありません。そうすると love は、進行形にはならず、I love it. と言わなければならないのではないでしょうか。マクドナルドのキャッチコピー、i'm lovin' it. は、英語として間違った表現なのでしょうか。

本章では、love を始め、一般に「状態動詞」と呼ばれている動詞と、その日本語訳に現われる「〜ている」表現について考え、状態動詞が進行形で用いられるかどうかを観察して、上の疑問に答えたいと思います。

● 「マイクはキャシーを愛している」

まず、次のような日本語から考えてみましょう。

(4) a. マイクはキャシーを愛している。

b. 僕たちはみんな山田先生を尊敬している。

c. スーはお母さんによく似ている。

d. あの子は英語を理解している／知っている。
e. スミス夫妻は車を3台持っている。

(4a-e)の日本語は、いずれも「〜ている」形を伴う自然な表現で、「〜ている」を単純現在形にすると、「マイクはキャシーを愛す」、「*スーはお母さんによく似る」、「*スミス夫妻は車を3台持つ」のように、古文調になったり、日本語として不適格、不自然な表現になってしまいます。

さて、(4a-e)は、いずれも主語指示物の現在の状態を表わしており、その状態は、過去のある時から現在に及ぶ（かなり）永続的な状態です。たとえば(4a)は、マイクがキャシーを過去において好きになり、その好きな状態が現在まで続いていることを示しており、(4c)は、スーが生後、あるいはある頃から、母親に似ており、その状態が現在までずっと続いていることを示しています。(4e)も、スミス夫妻が過去のある時点で車を3台持つようになり、その状態が現在も続いていることを示しています。

ここで、たとえば(4a)の表わす意味を、前章で示した時系列の図で表わすと、次のようになります（動作・出来事を●で示し、その後の状態を ── で示します）。

(5) マイクはキャシーを愛している。(=4a)

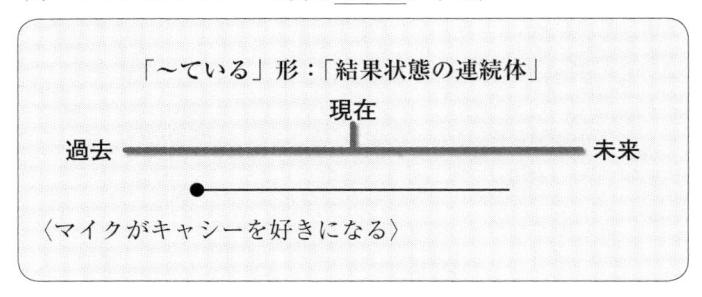

「〜ている」形：「結果状態の連続体」

現在

過去 ──────────●────────── 未来

〈マイクがキャシーを好きになる〉

(4a-e) で、マイクがキャシーを好きになったり、スーが母親に似ている状態になったり、スミス夫妻が車を購入して3台所有するようになったりしたのは、比較的現在に近い過去のことかも知れませんし、ずっと以前の遠い昔のことかも知れませんから、(5) に示した●は、前章の (15)(=「広島県は瀬戸内海に面し<u>ている</u>」) を表わす図で示したのと同様に、(●) としてもよいのですが、ここでは便宜上、● のままで示しておきます。

　さて、(5) の図は、前章で考察した「バスがあそこに止まっ<u>ている</u>」の意味を示した (13) の図と基本的に同じで、「～ている」形が表わす (4a-e) のような文の意味も、前章で示した次の「～ている」形の意味に合致していることが分かります。

> (6)《「～ている」形の意味》「～ている」形は、ある動作・出来事、あるいはその後に生じる結果状態が、「～ている」形が指し示す時点において進行、連続していることを表わす。

●（4a-e）を英語にするとどうなる？

　それでは、(4a-e) の日本語を英語で表現するとどうなるでしょうか。もうお分かりのことと思いますが、次の (7a-e) のように、動詞が単純現在形で表現され、進行形で表現されると、(8a-e) のようにすべて不適格です。

(7) 　a.　Mike **loves** Cathy.
　　　b.　We all **respect** Professor Yamada.
　　　c.　Sue **resembles** her mother very much.

　　　　d. That child **understands** English.

　　　　e. The Smiths **own** / **have** three cars.

(8)　a. *Mike **is loving** Cathy.

　　　b. *We **are** all **respecting** Professor Yamada.

　　　c. *Sue **is resembling** her mother very much.

　　　d. *That child **is understanding** English.

　　　e. *The Smiths **are owning** / **having** three cars.

　それではなぜ、(8a-e)の進行形表現は不適格で、(4a-e)の日本語は、(7a-e)のように単純現在形で表現されるのでしょうか。進行形と単純現在形の違いについて考えてみましょう。

　英語の進行形は、本章冒頭で示したように、次のような意味を表わします。

---

(1)《英語の進行形の意味》英語の進行形は、継続的、または断続的動作・出来事が一定の時間内で進行、連続していることを表わす。

(4a-e)は、いずれも主語指示物の過去から現在に至る状態を表わしており、動作・出来事が一定の時間内で進行しているわけではありません。たとえば、「マイクがキャシーを愛している」というのは、愛している状態が永続的で、「一定の時間」だけ続いているわけではありません。また、「スーはお母さんによく似ている」というのも、スーの長期間に及ぶ一定不変の状態です。したがって、これらは、進行形の表わす (1) の意味と合致せず、不適格となります。そして、このような永続的で一定不変の状態は、動詞の単純現在形で表わされます。

● 状態動詞は進行形にならないか？

それでは、love, respect, resemble, understand, own, have のような状態動詞は、進行形になることはないのでしょうか。もちろん、進行形になる場合があります。本節ではそのような場合を考えてみましょう。

(5) の図で、〈マイクがキャシーを好きになる〉という出来事、事態を●で示しました。ただ、「車が止まる／電車が到着する」なども、前章で●で示したものの、このような出来事が一瞬に起こるのではなく、「止まる／到着する」という終点に向かって、動くという動作、過程が継続している様子（つまり、止まりつつある／まもなく到着するという状況）を表わす場合もあります。The car is stopping. や The train is approaching. の進行形が表わそうとしているのは、「止まる／到着する」という終点に向かって始まっているこの動作、過程の継続です。「人を好きになる」というのも、「一目惚れ」というのもありますが、「少し好きになる→大分好きになる→とても好きになる」のように、一定の時間内で好きになる程度が少しずつ変化し、最終的に一定不変の好きな状態に入ることもあります。そしてこの変化していく過程が継続、進行している様子は、次のように進行形で表わすことができます。

(9) a. I **am loving** you more and more each week. (cf. 2b)
    「僕は君のことが週ごとに好きになっていっている。」
  b. I **am liking** my mother better these days. We haven't had a real argument in months. (cf. 2b)
    「私は最近、母のことが以前より好きになってきました。もう何ヶ月もの間、激しい口論なんか、まったく

しています。」
c. Mary **is resembling** her mother more and more as time goes by.（cf. 8c）
「メアリーは時が経つにつれて益々母親に似てきている。」
d. **I am understanding** English bit by bit.（cf. 8d）
「私は少しずつ英語が分かるようになってきた。」

（9a-d）のように、変化していく過程の継続は、まさに（1）の進行形が表わす意味を満たしていますから、これらの文は適格ということになります。

ここで、（9a, b）の文が表わす意味を次のように示しておきましょう（詳細は久野・高見（2005）『謎解きの英文法—文の意味』（第1章）をご参照ください）。

（10）

好きな程度 ↑

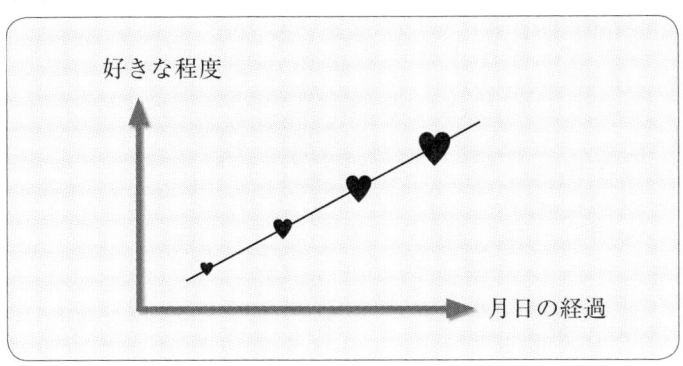

月日の経過 →

この図は、前章の（3a）（=I am reading the Bible every day.）や（4a）（=The guests are arriving.）の意味を図示した前章の（6）や（7）

の図と基本的に同じです。そのため、(10) のような変化の過程、進行を表わす (9a-d) は適格です。

それでは、マクドナルドのキャッチコピー、i'm lovin' it (I'm loving it). も、「マクドナルドが好き！」とか、「これは美味しい！」という意味ではなく、(9a-d) と同様に、「マクドナルドがだんだん好きになってきた」という意味だと考えればいいのでしょうか。いえ、そうではありません（本章冒頭で述べたように、i'm lovin' it. の it は様々なものを指し得ると考えられますが、ここからは、it がマクドナルドを指すものとして議論を進めます）。(9a-d) は、more and more each week, better these days, more and more as time goes by, bit by bit のような変化を表わす表現を伴っていますから、「好きな程度、似ている程度、理解の程度」が変化し、その過程が継続、進行していることを示しています。それに対し、I'm loving it. は、そんな変化を表わす要素を何ら伴っていませんから、「好きになってきた」という変化の過程を表わす解釈はありません。

● 状態動詞が進行形になるさらなる例

学校文法では、状態動詞は進行形にできないと言われてきましたが、私たちは、久野・高見 (2005)『謎解きの英文法—文の意味』（第1章）で、上のような状態動詞の進行形に加え、さらに次のような進行形の例を示しました。

(11) a. **I'm forgetting** things these days.
　　 b. **I'm hearing** strange noises.
　　 c. **I'm feeling** cold.

(11a) は、話し手が最近、何かを思い出せないことが多くなって

きたことを述べており、(11b) も、話し手が一定の時間内で、変な音が断続的に聞こえていることを述べています。同様に (11c) は、話し手が一定の時間内で、寒けを繰り返し感じていることを述べています。したがって、forget（思い出せない・忘れている）、hear（聞こえる）、feel（感じる）自体は状態動詞であっても、(11a-c) は、それぞれの出来事が<u>断続的に</u>一定の時間内で起こっていることを示しています。(11a) の意味を図示すると、次のようになります。

(12)

```
                    現在
                     |
過去 ─────────────────┼───────────────── 未来
        ● ● ● ● ● ●
      〈何かを思い出せない〉
```

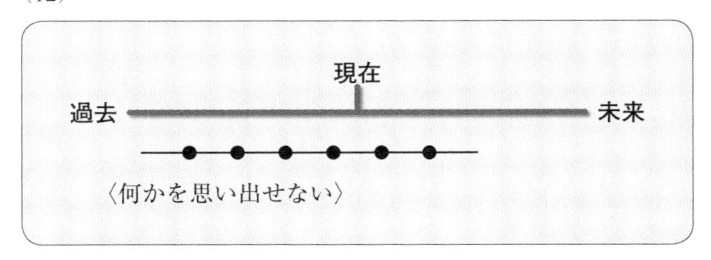

この図は、前章の (3a) (=I am reading the Bible every day.) の意味を示した前章の (6) の図と同じです。そのため、(11a-c) のような文は適格となります（【付記1】、【付記2】参照）。

● I'm loving it. と言えるのか？

以上の考察から明らかなように、I'm loving it. は、「私はマクドナルドが好き」という、話し手の一定した永続的な気持ちを意味しているのではありません。同様、それは、話し手がマクドナルドを食べて、単に、「これは美味しい」という、その食べ物の味を表わす表現でもありません。そういう場合には、I love it. と

か、It **tastes** good. のように表現されます。この表現が意図している意味は、むしろ、前節の（12）の図で示した意味、つまり、「マクドナルドを食べるたびに美味しいと思う」、「何度食べても美味しい」というものです。

Oh, I love it.（「ああ、美味しい」）という話し手の気持ちが、（12）の図の黒丸（●）で示され、食べるたびにその美味しいと思う気持ちが度重なり、黒丸の連続体として示されることになります。I'**m loving** it. は、I **love** it. とは異なるこのような意味を意図しています。状態動詞は、通例は進行形にならず、普通なら、I **love** it. とか It **tastes** good. というところを、このように進行形を用いて聞き手の意外感や注目を引き、「食べるたびに美味しい」という、動的で臨場感のある意味合いを出しています（【付記3】参照）。

Love をこのように進行形で用いる例は、広告文や歌、ファッション等のポップカルチャーの分野で、（特に若い人たちの間で）10年ほど前からかなり幅広く用いられるようになりました。グーグルで"I'm loving"を検索してみると、次のように、この進行形表現が多く用いられていることが分かります。

(13) a. Don't know about you, but I'**m loving** these chilly evenings in the Northeast.
  b. With school starting, I'**m loving** all the photos of my friends' children in their back-to-school poses.
  c. I'**m loving** the London Olympics.
  d. I'**m loving** my new Victoria Secret bag I got for FREE for spending 75^+$ at their store.
  e. I'**m loving** all the little outfits we bought at the Bailey Boys outlet when we were in St. Simons.

    f. **I'm loving** the hot hue, the sweet, off-the-shoulder neckline...
　「流行の色合い、オフショルダー（肩を出した大きくくった衿あき）の甘いネックラインを見るたびに見ほれます。」

（13a）では、話し手が、北西部の肌寒い夕方を経験するたびに、気持ちがいいなという思いを繰り返し経験しており、（13b）でも、話し手が、友達の子供たちの写真をみるたびに、可愛いとか、いいなと繰り返し思っていることが示されています。（13c）でも、話し手がロンドンオリンピックを見るたびに、それを面白いと思い、（13d）は、話し手がただで手に入れたかばんを持つたびに、これはいいと思う気持ちを表現しています。（13e, f）も同様です。したがって、これらの例も、（12）の図に示した繰り返しの経験の連続を表わすものとして解釈されます。

　私たちのネイティヴスピーカー・コンサルタントの一人は、彼女の友人が送ってきたメールの中に次の表現があったと教えてくれました。

（14）She stayed over at Tom's more frequently bec no school, and he **was liking** that.（bec は because）
「学校がないので、彼女はトムの家にこれまでより頻繁に泊まり、彼もそれが好きだった。」

ここで、もちろん（14）は、単純過去形を使って次のように言うこともできます。

（15）She stayed over at Tom's more frequently because there was no school, and he **liked** that.

ただ、(14) は厳密に言うと、(15) とは若干意味が違っています。(14) では、彼女が何度もトムの家に泊まっていますから、泊まるたびにトムは、彼女が泊まってくれるのを嬉しいことだと思う様子を意味しています。このように、(14) が動的な臨場感のある表現であるのに対し、(15) は、そういう繰り返しておきた動作全体について、静的に嬉しい気持ちを述べる表現です。

● 「見れば見るほど好きだ」も I love X の断続的連続体

I'm loving it. のような表現が、「～するたびに／何度～しても好きな気持ちになる」という、繰り返しの経験を表わし、動的で臨場感のある表現を意図していることを上で述べましたが、それでは、このような表現は、何かあるものを初めて見たり聞いたりして、それが好きだとか、素晴らしいと思うような、一回の経験を表わす場合には使えないのでしょうか。実は、次の例が示すように、そのような場合にも使われることがあります。

(16) a. Hey, Jean. I'**m loving** that new haircut!
  b. I'**m loving** the slit in her dress. It makes her look sexy and classy at the same time.
  c. I'**m loving** the red, purple and gold color scheme. I'**m** not **loving** the skirt, or the bowed legs. (scheme = 配色)

(16a) では、話し手がジーンの新しいヘアースタイルを見て、それが好きだと述べていると考えられます。(16b) でも同様に、話し手が、彼女のドレスのスリット（切れ目）が、セクシーに見え

ると同時に、高級な感じを与えており、好きだと述べています。(16c) でも同様です。

　ここで、このような好きだという気持ちの表現は、一見すると、そのような気持ちが繰り返し起こっているのではなく、そのため、連続体を形成せず、(12) の図のように表わすことができないと思われるかも知れません。しかし、これは、「マクドナルドを食べるたびに美味しいと思う」というような、時間をおいた断続的な気持ちの連続体が、「見れば見るほど素晴らしい」というような、短い時間間隔の断続的な気持ちの連続体にまで適用できるようになったものと考えられます。つまり、(12) の図の黒丸と黒丸の間の時間間隔が極めて短くなり、素晴らしいと思う気持ち (I love it) が何度も連続してわき起こるということを意図していると考えられます。そしてそうすることで、話し手の素晴らしい、好きだと思う気持ちをより強く、動的に表現しているものと考えられます。I love it. が、話し手の好きだという静的な感情を表わすのに対し、より強く、より生き生きとした表現を必要として、このような表現が、(12) の図の延長線上の使い方として用いられているものと考えられます (【付記 4】参照)。

● 結び

　本章では、マクドナルドのキャッチコピー、i'm lovin' it (I'm loving it). という進行形表現をめぐって、love のような状態動詞が進行形になるのはどのような場合かを示し、この広告文が、I love it. とは異なる、どのような意味を伝達しようとしているのかを考察しました。そして、「私はマクドナルドが好き」という、話し手の一定した永続的な気持ちを述べたり、「これは美味しい」という、その食べ物の味を表現するのなら、I love it. と言うのに

対し、この進行形表現は、「マクドナルドを食べるたびに美味しいと思う」、「何度食べても美味しい」という意味を意図していることを示しました。つまり、「美味しい」と思う気持ちが断続的に繰り返され、連続体をなしているので、進行形が用いられていることを示しました。したがって、英語の進行形は、「状態の<u>断続的連続体</u>」も表わすので、(1) の《英語の進行形の意味》は、次のように記述されることになります。

> (17)《英語の進行形の意味》英語の進行形は、継続的、または断続的動作・出来事が一定の時間内で進行、連続していることを表わす。また、状態の断続的連続体も表わす。

「絶対時制」か「相対時制」か？

第8章

● 「時制の一致」

　読者のみなさんは、英語の複文で、主節の動詞が過去時制のときは、原則として従属節の動詞も、それに合わせて過去、または過去完了の形にするという「時制の一致」について、もうよくご存知のことでしょう。次の文を見てみましょう。

（1）　a.　Then, John said, "**I am** very hungry."
　　　b.　Then, John said that **he was** very hungry.

（1a）は、ジョンが言ったことをそのまま伝える「直接話法」ですが、これを「間接話法」にすると、（1b）のように、従属節のIはheになり、動詞amは時制の一致により、wasになります（【付記1】参照）。

　動詞knowは、直接話法の目的節をとらない動詞ですが、（2）に示されているように、この動詞にも、時制の一致現象が見られます。

（2）　a.　**I know** John **wants** to go to Paris.
　　　b.　**I knew** John **wanted** to go to Paris.

（2a）は、その発話時のジョンの希望を話し手が知っていることを述べる文ですが、（2b）では、主文の動詞が過去形のknewに

なっているので、従属節の動詞 wants も、時制の一致により、過去形の wanted になっています。

それでは、主文の動詞が過去形で、直接話法の動詞も過去形のときは、どうなるでしょうか。

(3) John showed up 30 minutes late.
    a. He said, "**I overslept**."
    b. He **said** that **he had overslept**.
    c. He **said** that **he overslept**.

(3a) の直接話法を間接話法にすると、(3b) のように、I は he になり、過去形の overslept の時制がもうひとつバックシフトして（後ろに移って）、過去完了形の had overslept になります。このバックシフトも、みなさんがすでによくご存知のことと思います。ただ、ジョンが寝過ごしたのは、もちろんそう言ったときよりも前のことなので、時間関係に関して意味の混乱がありませんから、(3a) の overslept は、口語ではしばしば (3c) のように、バックシフトしないで、そのまま過去形で用いられることも多くあります。

さらに次の文を見てみましょう。

(4) a. I **think** she **left** for England **yesterday**.
    b. I **thought** she **had left** for England **the day before**.

(4a) の従属節の動詞 left が、(4b) では had left になることは上で述べた通りですが、ここで (4a) の yesterday が、(4b) では the day before になっていることに注意してください（the previous day も用いられます）。これは、次の (5a, b) の図に示すように、(4a)

では、彼女がイギリスに行ったとき（「昨日」）を、「現在」（発話時）を基準にして yesterday と述べているのに対し、(4b) では、話し手が思った「過去」の時点を基準にして、the day before / the previous day（その前の日／前日）と述べているためです【付記２】参照）。

(5) a. (=4a)

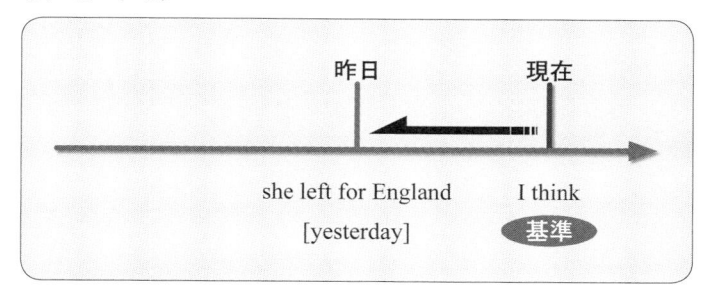

```
                        昨日           現在
                         |             |
                         ←─────────────
                  she left for England  I think
                    [yesterday]          基準
```

b. (=4b)

```
      その前の日        過去           現在
         |              |             |
         ←──────────────
   she had left for England   I thought
      [the day before]          基準
```

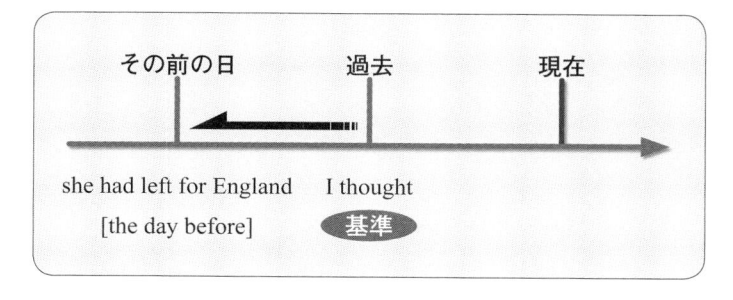

以下では、yesterday や today, tomorrow のような、発話時を基準とした時指定をする副詞を「絶対時副詞」と呼び、the day before, the previous day のような、発話時でない時（たとえば (4b) の I thought が起きた時）を基準とした時指定をする副詞を「相対時副詞」と呼ぶことにします。

(5a, b) に示されたような絶対時副詞から相対時副詞への変換と同じような現象が、場所に関しても見られます。たとえば、次の文を見てみましょう。

(6) a. He said, "The summit meeting **will** be held **here** in **this** hotel."
    b. He **said** that the summit meeting **would** be held **there** in **that** hotel.

(6a) の直接話法が (6b) の間接話法になるのに伴い、**here** in **this** hotel が **there** in **that** hotel になっています。これは、(6a)では、彼が首脳会談が行なわれるホテルにいて、その場所を「ここのこのホテルで」と言っているのに対し、(6b)では、話し手がそのホテルとは別の所にいて、その場所を「あそこのあのホテルで」と述べているためです。(ただ (6b) で、話し手がこの文を述べている場所が、首脳会談が行なわれるホテルであれば、here in this hotel はそのままで、there in that hotel とはなりません。)

上記のような伝達の時や場所を表わす表現の変換は、一般的に次のようになります(【付記３】参照)。

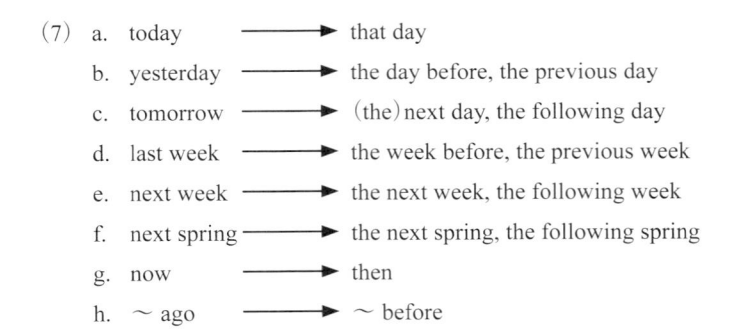

(7) a. today ⟶ that day
    b. yesterday ⟶ the day before, the previous day
    c. tomorrow ⟶ (the) next day, the following day
    d. last week ⟶ the week before, the previous week
    e. next week ⟶ the next week, the following week
    f. next spring ⟶ the next spring, the following spring
    g. now ⟶ then
    h. 〜 ago ⟶ 〜 before

i.　here　——→　there

ここで、定冠詞 the のつかない、たとえば next Monday, next week, next month, next spring などは「絶対時副詞」で、現在時（発話時）を基準にした未来時を表わすのに対し、定冠詞のついた the next Monday, the next week, the next month, the next spring などは「相対時副詞」で、現在時ではなく、ある特定の時を基準にして、その時からの未来を表わすことに注意してください。そして、この点は日本語にも見られ、「明日、来週、来月、来年」などは、現在時を基準にした未来時を表わす表現なのに対し、「翌日、翌週、翌月、翌年」は、ある特定の時を基準にして、その時からの未来時を表わす表現です。同様に、「昨日、先週、先月、昨年」などは、現在時を基準にした過去時を表わす表現なのに対し、「前日、前の週、前の月、前の年」などは、ある特定の時を基準にして、その時からの過去時を表わす表現です。

● 時制の一致を受けるか受けないか？

　ただ、時制の一致は、必ず適用されなければならないというわけではなく、たとえば、従属節の内容が、発話時でも真である動作・出来事・状態（不変の真理、現在の状態、あるいは歴史的事実など）を表わす場合は、次のように適用を受ける必要がありません。読者のみなさんは、この点ももうよくご存知のことでしょう。

（8）　a.　We **learned** that hydrogen **is** the lightest element.
　　　　「私たちは、水素は最も軽い元素であることを学んだ。」

b. He **told** me that he **is** 45.
      「彼は私に 45 歳だと言った。」
   c. He **said** that in summer he **takes** a vacation and **goes** to Hawaii.
      「彼は、夏には休暇をとり、ハワイに行くことを常としていると言った。」
   d. Our teacher **said** that Brahms **finished** his first symphony in 1867.
      「先生は、ブラームスは最初の交響曲を 1867 年に完成したと言った。」

(8a) の従属節は不変の真理を、(8b) の従属節は、彼が現在も 45 歳であることを、そして (8c) の従属節は、(発話時を中心とした幅のある)「現在」における彼の習慣的動作を表わしているので、主節の動詞は過去形ですが、従属節の動詞は現在形です。また、(8d) の従属節は、歴史的な事実を表わしているので、動詞は過去形のままであり、主節の動詞が過去形でも、過去完了形にバックシフトしていません。

　ここで、次の文を見てみましょう。

(9) a. How **did** you know I **am** / **was** Japanese, not Chinese?
       「どうして私が中国人ではなく、日本人だと分かりましたか。」
    b. I also **told** him that some things **matter** / **mattered** more than his GPA.（matter の方は実例）
       「私は彼に GPA より重要なものがあるとも言い聞かせました。」（GPA = grade point average の略で、「成績評価点平均」）

(9a, b) の従属節の動詞は、時制の一致を受けない am, matter と、時制の一致を受ける was, mattered のどちらも適格です。(9a) では、am が用いられると、話し手が現在も日本人であることが明示されていますが、人の国籍はめったに変わるものではありませんから、was が用いられても、話し手が（現在もずっと）日本人であろうことは、社会常識から推測されます。同様に（9b）でも、実例である matter が用いられると、話し手は従属節の内容が現在にもあてはまるものとして提示していますが、人の意見や信念はそうめったに変わるものではありませんから、mattered が用いられても、話し手が従属節の内容を自分の意見として今もそう思っていることは十分推測されます。

しかし、時制の一致が義務的な場合ももちろんあります。次の例を見てみましょう。

(10) a. I **noticed** that she **was** hungry. So we went to a nearby restaurant.
　　b. *I **noticed** that she **is** hungry. So we went to a nearby restaurant.
(11) a. When I went to the station, I **was** informed that I **had** to take the Piccadilly line instead of the District line because of an electrical problem.
　　b. *When I went to the station, I **was** informed that I **have** to take the Piccadilly line instead of the District line because of an electrical problem.

(10a, b) では、話し手が彼女と二人で近くのレストランへ行ったのは、話し手が彼女を見て、彼女がお腹をすかしていることに気がついたからであって、彼女が今（つまり、この文の発話時）も

お腹がすいているとしても、それは、レストラン行きとは全く無関係なことです。ですから、今も彼女が空腹であることを意味する（10b）は不適格となります。（11a, b）も同様で、話し手が駅に行った際に、（ロンドンの地下鉄の）ディストリクト線ではなくピカデリー線に乗らなければならないと知らされたのは、そのときディストリクト線で電気系統の問題が生じていたからです。仮にその電気系統の問題が、今（発話時）も続いており、ピカデリー線に乗らなければならないとしても、それは、話し手が駅に行ったときとは無関係のことです。ですから、今もディストリクト線ではなくピカデリー線に乗らなければならないことを意味する（11b）は不適格となります。ここでもし、話し手がたとえば仕事に行く際に地下鉄のどの線を使えばいいかというような、習慣的な事柄を教えてもらったというような場合であれば、（11b）の because of an electrical problem を除いた次の時制の一致を受けていない文がまったく適格となります。

(12) When I went to the station, I **was** informed that I **have** to take the Piccadilly line instead of the District line.

（10）や（11）を日本語にすると、「私は［彼女がお腹が<u>すいている</u>］のに<u>気づいた</u>」、「私は［ピカデリー線に乗らなければ<u>ならない</u>］と<u>言われた</u>」のように、従属節が現在形になることから、母語の日本語の影響を受けて、（10b）や（11b）のような間違いをする高校生や大学生を多く見かけます。そのため、日本語に引きずられてこのような間違いをしないよう気をつけましょう。

● 時制の一致を適用しているのになぜ不適格？

それでは、ここで次の2文を考えてみましょう。

(13) a. He **says** that his son **graduates** from college **next spring**.
　　b. *He **said** that his son **graduated** from college **the next / the following spring**. (graduated が、彼が発言した時より未来の出来事を指す解釈として、不適格文)

(13a) の主節の動詞 says が、(13b) では said になっているので、(13a) の従属節の動詞 graduates も、時制の一致により、過去形の graduated になっています。また、(13a) の時を表わす絶対時副詞 next spring は、(7f) で見たように、相対時副詞の the next / the following spring となっています。つまり (13b) は、上で述べた「時制の一致」規則に完全に合致しており、適格なはずです。しかし、この文は、(13a) の says を said に替えたときに時制の一致によってできる文としては、容認されない不適格文です。いったいこれはどうしてでしょうか。

本章では、時制の一致が適用される場合とされない場合でどのような違いがあるかを明らかにし、時制には、「絶対時制」と「相対時制」と呼べる2つの時制があることを示します。そして、(13b) のような例でも適格となる場合があることを示し、両者がどのような点で違っており、どのような制約により (13b) が不適格となっているかを明らかにしたいと思います。また、英語で絶対時制と相対時制の2つの時制が様々な場合に用いられていることを述べたあと、日本語の興味深い事実を指摘し、日本語でも同じように2つの時制があるかどうかを考えたいと思います。

● 「相対時制」と「絶対時制」

　私たちは上で、時制の一致を受けている文と受けていない文の両方を見ましたが、両者の時制はどのような点で違っているのでしょうか。(3b) と (8a)(以下に再録)を再度見てみましょう。

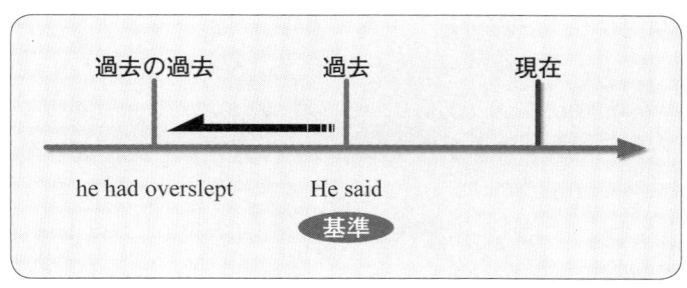

(14) a.　John showed up 30 minutes late. He **said** that he **had overslept**. (=3b)
　　 b.　We **learned** that hydrogen **is** the lightest element. (=8a)

(14a) の had overslept は、主節の過去形動詞 said に合わせて、過去形の overslept がバックシフトし、形の上で過去完了形になっています。これを意味の点から言い換えれば、彼が寝過ごしたときは、彼がそう言った「過去時」を基準にして述べられており、「過去の過去」時として捉えられています。この点を図示すると、次のようになります ((15) の図は、(4b) (=I **thought** she **had left** for England **the day before**.) を図示した (5b) と基本的に同じものです)。

(15)

```
    過去の過去         過去              現在
       |←━━━━━━|               |
  ─────┼──────────┼──────────────┼──────→
   he had overslept   He said
                      ⬬基準⬬
```

John showed up 30 minutes late. He **said** that he **had overslept**.

(=3b/14a)

過去の過去　　　　　　　　　　　　過去時

このように、時制の一致を受けた文では、従属節の動詞の時制が、現在時（発話時）を基準にしているのではなく、主節の動詞の時制（過去時）を基準にしています。ここで、現在時を基準にするのではなく、文脈で指定された別の時（(14a)の場合は、主節の動詞の時制）を基準にした時制を「相対時制」と呼びましょう。

一方、時制の一致を受けていない(14b)では、従属節のisは、現在時を基準にした時制で、水素が元素の中で最も軽いという（過去から未来にかけて幅のある）「現在」の状態を表わしています（第2章参照）。つまり、従属節の現在形動詞 is は、次に示すように、主節の過去形動詞 learned とは無関係です。

(16)

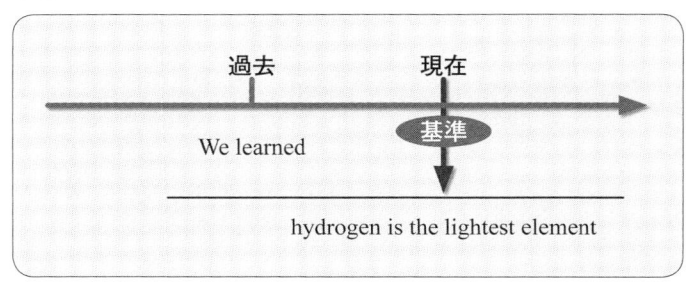

過去　　　現在

基準

We learned

hydrogen is the lightest element

このように、時制の一致を受けず、現在時を基準にした時制を「絶対時制」と呼びましょう。

以上から、「時制の一致」は、絶対時制を相対時制に変える規則だということが分かります。そうすると、次にまとめて示すように、(14a)(=3b) とは異なり、(3c) では、時制の一致が適用されず、従属節の動詞がそのまま過去形の overslept ですから、これは現在時を基準にした「絶対時制」ということになります。

(17) a. He **said** that he **had overslept**. (=3b/14a)
   　　　　　　　相対時制
　　b. We **learned** that hydrogen **is** the lightest element. (=8a/14b)
   　　　　　　　絶対時制
　　c. He **said** that he **overslept**. (=3c)
   　　　　　絶対時制

(17a-c) の主節の過去形動詞 said, learned は、言うまでもなく、現在時を基準にしていますから、絶対時制です。

ここで、次の2文を見てみましょう。

(18) a. I took a bath after I **had finished** my homework.
   　　　　　　　相対時制
　　b. I took a bath after I **finished** my homework.
   　　　　　　　絶対時制

After（や before）節を伴う文では、2つの出来事の時間的順序が明らかなため、(18a, b) のように、過去完了形と過去形のどちらもよく用いられますが、上の議論から、(18a) の after 節は相対時制、一方、(18b) の after 節は絶対時制であることが分かりま

す（【付記４】参照）。

● (4a, b) に関して

　本章冒頭で観察した（4a, b）（以下に再録）も同様で、(4a) の従属節は絶対時制、(4b) の従属節は相対時制です。

(4) a.　I **think** she **left** for England **yesterday**.
　　　　　　　　 ＜絶対時制＞　　＜絶対過去時副詞＞

　　 b.　I **thought** she **had left** for England **the day before**.
　　　　　　　　 ＜相対時制＞　　　＜相対過去時副詞＞

　ここで (4b) の代わりに、yesterday を the day before に変換しないまま、次のように言うこともできます。文脈を入れると分かりやすいので、それを括弧で示します。

(19) a.　I **thought** she **left** for England **yesterday**
　　　　　　　　 ＜絶対時制＞　＜絶対過去時副詞＞
　　　　（even though you said it was three days ago / this morning / last week）.
　　　　「あなたは、彼女が３日前／今朝／先週イギリスへ行ったと言いましたが、私は彼女が昨日行ったと思ってました。」

　　 b.　(I was surprised to hear that she's still here.)
　　　　I **thought** she **had left** for England **yesterday**.
　　　　　　　　 ＜相対時制＞　＜絶対過去時副詞＞
　　　　「彼女がまだここにいると聞いて驚きました。彼女はすでに昨日イギリスへ行ったと思ってましたから。」

まず、(19a) を理解するために、次の図を見てみましょう。

(20)　I **thought** she **left** for England **yesterday**.（cf. 19a）

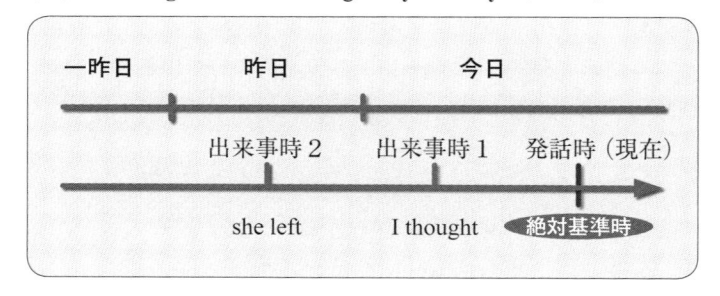

```
一昨日    昨日        今日
  |        |           |
         出来事時2   出来事時1   発話時（現在）
          she left    I thought   絶対基準時
```

この図が示すように、彼女がイギリスへ行ったのは昨日のことで、話し手がそう思ったのが今朝、発話時（現在）が今日の午後だとします。(19a) では、従属節の she **left** for England が絶対時制で、そこに絶対過去時副詞の yesterday が用いられています。つまり、この文は、発話時である現在時を基準にして、言い換えれば、絶対基準時から見て、「彼女が昨日イギリスへ行った」（と思った）と述べています。

次に、(19b) を理解するために、次の図を見てみましょう。

(21)　I **thought** she **had left** for England **yesterday**.（cf. 19b）

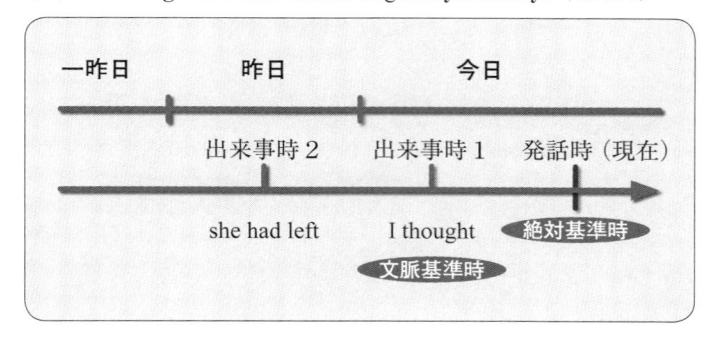

```
一昨日    昨日        今日
  |        |           |
        出来事時2    出来事時1   発話時（現在）
        she had left  I thought   絶対基準時
                      文脈基準時
```

(19b) では、従属節に過去完了形の had left が使われていますから、これは（すでに (5b) で述べたように）、「話し手が思った」(I thought) 過去の文脈基準時（= 出来事時１）が基準になっています（(21) の図参照）。ここで、彼女がイギリスへ行ったのは、発話時から見て昨日（yesterday）のことですから、そのまま yesterday が用いられています。つまり、出来事時２（「彼女がイギリスへ行った」等の出来事が起こった時間）が、発話時（現在）から見て、絶対時副詞（yesterday, today など）の中に入っている場合は、相対時副詞（the day before, that day など）への変換が行なわれないことになります。このため、(19b) は適格となります。したがって、もし (21) の図で、彼女がイギリスへ行ったのが、文脈基準時より左でも、「今日」の中に入っておれば、today は that day に変換されないで、次のように言うことになります（【付記５】参照）。

(22) I **thought** she **had left** for England **today**.

●(13b) はなぜ不適格か？

それでは、ここで (13a, b)（以下に再録）に立ち返り、どうして (13b) が不適格なのかを考えてみましょう。

(13) a. He **says** that his son **graduates** from college **next spring**.
b. *He **said** that his son **graduated** from college **the next / the following spring**. （graduated が、彼が発言した時より未来の出来事を指す解釈として、不適格文）

(13a) で、彼は自分の息子が来年の春に大学を卒業すると述べて

おり、その未来に起こる卒業が、すでに確定している事柄なので、現在形の graduates で表現されています（第3章参照）。しかし、(13a) はもちろん、未来時を表わす will などを用いて次の (23a) のようにも言え、これに時制の一致が適用されると、(23b) になります。また、(23c) も適格文です。

(23) a. He **says** that his son **will** graduate from college **next spring**.
　　　　　　　　　絶対時制　　　　　　　　　絶対未来時副詞

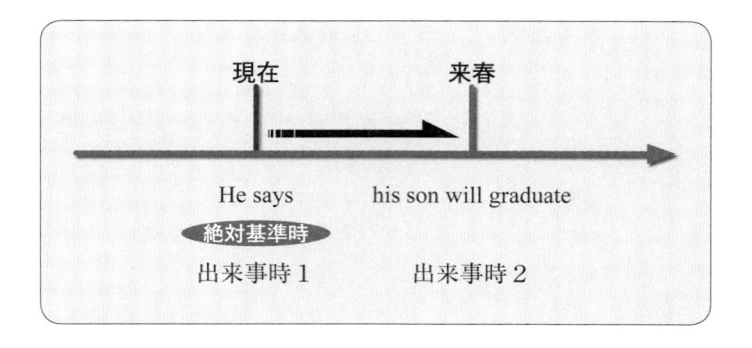

　　b. He **said** that his son **would** graduate from college **the next / the following spring**.　　相対時制　　相対未来時副詞

　　c. He **said** that his son **would** graduate from college **next spring**.
　　　　　　　　　相対時制　　　　　　　　　絶対未来時副詞

以下、(23a-c) を順に説明します。まず、(23a) は次のように図示することができます。

(24) He **says** that his son **will** graduate from college **next spring**.
　(=23a)　　　絶対時制　　　　　　　　　絶対未来時副詞

```
        現在              来春
         |                 |
         |▬▬▬▬▬▬▶         |
         |                 |
      He says       his son will graduate
      絶対基準時
      出来事時1         出来事時2
```

この図から分かるように、(23a) の will は、現在時（絶対基準時）から見た未来（来春）を表わしていますから、絶対時制です。つまり、彼の息子はまだ大学を卒業しておらず、来春卒業することになっています。

次に、(23b) は次のように図式することができます。

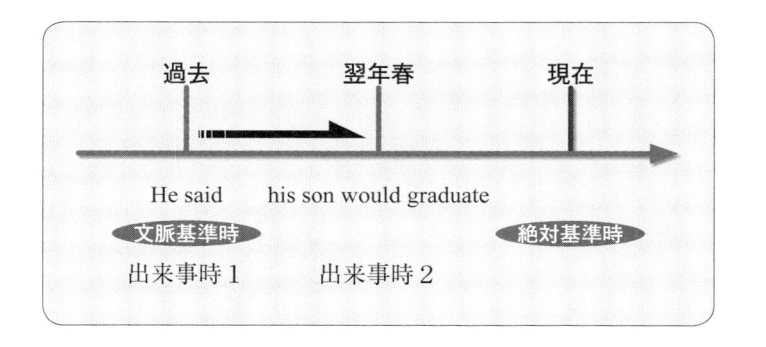

(25) He **said** that his son **would** graduate from college **the next spring**. (cf. 23b)　　相対時制　　　　　相対未来時副詞

(23b) の would は、過去の文脈基準時（つまり、出来事時１）から見た未来を表わしており、主節の動詞 said が基準になっていますから、相対時制です。つまり、彼が自分の子どもの大学卒業の話をした時点では、その子はまだ卒業しておらず、その翌年の春に卒業するので、would が用いられています。そして (23b) では、出来事時１を基準にした相対未来時副詞 the next spring（翌年の春）が用いられていますので、現在（発話時）より以前に位置しなければなりません。なぜなら、もしそれが現在（発話時）より以後に位置するのなら、それは発話時から見て、「翌年の春」ではなく、「来（年の）春」(next spring) になり、前節で述べた

ように、その場合は、相対時副詞（the next spring）への変換は行なわれず、絶対時副詞（next spring）のままで用いられなければならないからです。したがって、上の図に示したように、彼の息子は今はもう大学を卒業していることになります。

次に、(23c) は次のように図示されます。

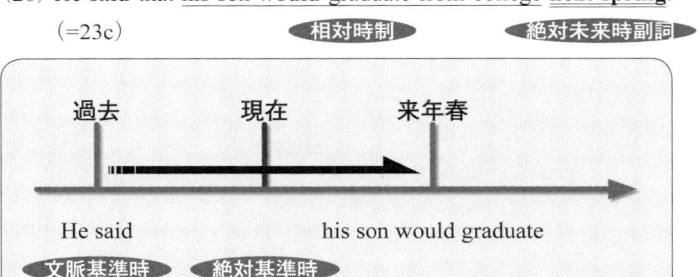

(26) He **said** that his son **would** graduate from college **next spring**.
(=23c)　　　　　　　相対時制　　　　　　　絶対未来時副詞

```
        過去            現在            来年春
  ──────┼──────────────┼──────────────┼──────────→
        He said                his son would graduate
   文脈基準時   絶対基準時
     出来事時1              出来事時2
```

(23c) では、(23b) と異なり、絶対未来時副詞の next spring が使われていますので、上で述べたように、彼の息子が発話時から見て「来年の春」に大学を卒業するので、出来事時2や「来年の春」が「現在」より以後に位置しています。そして、彼の息子の大学卒業は、絶対基準時（発話時）から見て来年の春ということになります。つまり、彼の息子はまだ大学を卒業していません（【付記6参照】）。

さらに、もし発話者が、彼の息子の来年春の大学卒業が、発話時においても確実な出来事だと考えているなら、時制の一致を適用して will を would に変換しないで、will のままで用いることもできますし、確定的な未来の出来事を表わす現在形動詞 graduates

を用いることもできます。

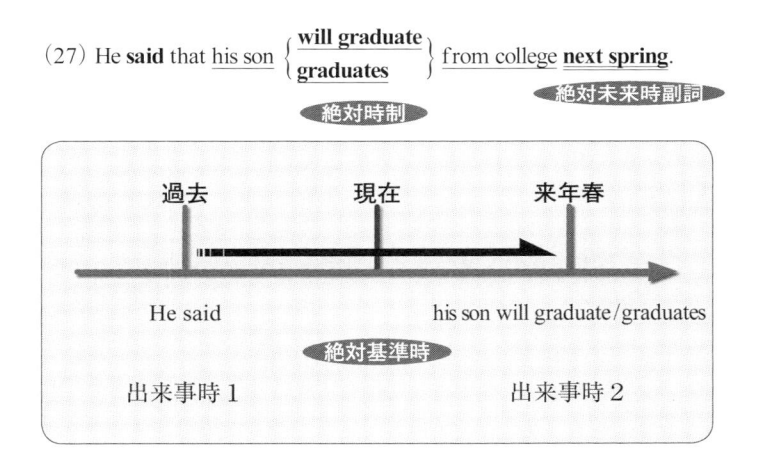

(27) He **said** that his son { **will graduate** / graduates } from college **next spring**.
　　　　　　　　　　　　　絶対時制　　　　　　　　　　　　　絶対未来時副詞

```
        過去              現在              来年春
  ───────┼───────────────┼───────────────┼──────────→
        He said                      his son will graduate/graduates
                        絶対基準時
        出来事時1                        出来事時2
```

ここで、(27) の従属節が絶対時制であることは、もう言うまでもありません。

さて、(23b) の過去形助動詞 would が、過去の文脈基準時（出来事時1）を基準にして、その時点より未来を表わすのに対し、(13b) の不適格性は、一般動詞の過去形（例えば graduated）は、主文が過去時制の従属節で用いられると、未来を表わすことができないことを示しています。つまり、(13b) の graduated は、彼が息子の話をした時点で、その子がもう大学を卒業しているという、過去の事柄を表わすことになります。しかしそうすると、(13b) では、その卒業が翌年の春であるという、未来時表現と矛盾し、不適格となります。

同じことは、過去形の graduated が、次のような絶対未来時副詞とともに用いられた場合にも言えます。

(28) *He **said** that his son **graduated** from college **next spring** / **two years from now**.　◀絶対時制▶　　　　◀絶対未来時副詞▶

この文でも、彼の息子がすでに大学を卒業したという、過去時解釈になりますが、その卒業が現在から見て来年の春であったり、今から2年後であるという未来時表現と矛盾し、不適格となります。

● 過去形動詞は絶対に未来を表わさないか？

前節で、graduated のような過去形動詞は、未来時解釈を受けることができないと述べましたが、実は、過去形動詞でも、一般動詞ではなく、BE 動詞の場合は、大部分の母語話者にとって未来時解釈が可能です。次の例を見てください。

(29) a. John **said** that he **was** on a sabbatical leave **next year**.
「ジョンは来年サバティカル（研究のための有給休暇）だと言った。」

b. John **said** that he **was** incommunicado **all through next week**.
「ジョンは来週はずっと連絡が取れないと言った。」

c. He **found out** that Christmas **was** a Friday **next year**.
「彼はクリスマスは来年、金曜日だと分かった。」

d. The speaker **reminded** the audience that the President's term **was up next year / three years from now**.
「講演者は聴衆に大統領の任期が来年／3年後に終わるということを言った。」

（29a-d）はすべて適格です。そして、これらの文では、従属節の動詞がBE動詞のwasで過去形であるにもかかわらず、next yearのような未来時表現と共起していることから分かるように、未来時解釈を受けています（【付記7】参照）。

　それでは、BE動詞以外の一般動詞の過去形は、一律に未来時解釈を受けることができないのでしょうか。興味深いことに、次の2例では、どちらにも過去形一般動詞のremainedが用いられていますが、両者の適格性が違っています（√は、それに続く文が、無印と同様、適格であることを表わします）。

(30) a. *John **said** that he **remained** incommunicado **all through next week**. (cf. √John **said** that he **would** remain incommunicado **all through next week**.)

　　 b. He **said** that the Defense of Marriage Act **remained** the law of the land **unless and until it was / is overturned by the Supreme Court**.
「彼は、結婚防衛法は最高裁判所で覆されるまで、そして覆されない限り、国法であると言った。」（「結婚防衛法」＝結婚は、男女間のものに限ると定義した連邦法）

（30a）では、remainedが未来を表わすall through next weekと共起していますが、この文は不適格で、未来を表わすwould remainを用いなければいけません。一方（30b）では、remainedがunless and until以下の「結婚防衛法が最高裁で覆されるまで／覆されない限り」という、未来時表現と共起していますが、この文はまったく適格で、未来時解釈を受けています。

　それでは、不適格な（30a）と適格な（30b）の違いは何でしょ

うか。(30a) の he **remained** incommunicado は、「彼は連絡が取れない状態のままでいる」という、彼自身で自ら制御できる事柄(たとえば、インターネットアクセスのないところに滞在しているのなら、インターネットのあるところに移れば連絡がとれるようになる)を述べています。一方、(30b) の場合は、remained の主語は、「結婚防衛法」という無生物であり、自ら制御することのできない事柄を述べています。したがって、BE 動詞以外の過去形動詞は、それが自己制御不可能な ([-self-controllable]) 動詞の場合に、未来時解釈が可能ということになります。(13b) や (28) の graduated は、「卒業する」というのが自己制御可能な事柄ですから、未来時解釈が許されず、これらの文が不適格となるわけです。

　上記の説明は、次のような文の対比からも裏づけられます。

(31) a.　I **realized** that my birthday **fell** on a holiday **next year**.
　　　　「私は、私の誕生日が来年祝日にあたることに気が付いた。」
　　b.　When we **figured out** that date **fell on** a Saturday **next year**, there was no way we could pass it up.
　　　　「我々がその日が来年土曜日にあたることに気が付いたとき、〔結婚式を〕その日にしないわけにはいかなかった。」
(32)　*John **said** that he **continued** to stay in Cambridge **all through next year**.
　　　(cf. √John **said** that he **would** continue to stay in Cambridge **all through next year**.)

Fell on が next year と共起している (31a, b) は適格で、未来時解

釈が可能ですが、continued が all through next year と共起している (32) は不適格で、未来時解釈が許されません。前者は主語が無生物で、ある特定の日が来年は祝日や土曜日にあたるというのは、自ら制御できる事柄ではありません。一方 (32) で、ジョンが来年ずっとケンブリッジにいるというのは、彼が自ら制御できる、意図的な行為です。したがって、(31a, b) は適格、(32) は不適格となります(【付記 8】参照)。

以上から、従属節に埋め込まれた過去形動詞の未来時指示に対して、次の制約を立てることができます。

(33) 従属節の過去形 BE 動詞は、未来時解釈を受け得る。一方、従属節の BE 動詞以外の過去形動詞は、それが自己制御不可能な ([-self-controllable]) 動詞の場合のみ、未来時解釈を受け得る。

(13b), (28), (30a), (32) の不適格性と (29a-d), (30b), (31a, b) の適格性は、この制約により説明することができます。

● BE 動詞以外の自己制御可能な動詞が未来時解釈を受けられる例外的ケース

前節の結論である (33) の制約ですべて説明ができればいいのですが、例外的なケースがあります。まず、(13a, b) と類似した次の文を見てみましょう。

(34) a. The game schedule **says** that the Red Sox **play** the Yankees **next Tuesday**.
 b. (?) The game schedule **said** that the Red Sox **played** the

Yankees **the next / the following Tuesday**.

(34b) は、不適格な (13b) と同じタイプの文です。しかし興味深いことに、ネイティヴスピーカーは (34b) で、自分なら played ではなく、would play か were going to play を使うだろうが、この文は (13b) と異なり、このままでもほぼ問題なく容認されるといいます。そして実際、次のような実例もあります。

(35) I simply **said** that I hoped I **played** 13 games **the following season**, so that I would be given another championship medal....
「私は、またチャンピオンシップ・メダルがもらえるように、来シーズン 13 試合でプレーすることを希望するとだけ言った。」

さらに、次の (36b) は、(28)((36a) として以下に再録) と類似していますが、(28) と異なり、適格です。

(36) a. *He **said** that his son **graduated** from college **next spring / two years from now**. (=28)
  b. The game schedule I saw **said** that the Red Sox **played** the Yankees **next week**. (cf. 34b)

いったいどうして、(34b) や (35), (36b) は、(13b), (28) と違って (ほぼ) 適格なのでしょうか。

それは、(34b) や (35), (36b) では、the game schedule と hoped という表現があり、このような「試合のスケジュール」や「望んだ」という表現から、従属節の過去時制の動詞 (played) が、過去時を指すのではなく、主節の過去時制の動詞 (said) が指し

示す過去時や発話時からの未来を指していると推測されるからです。つまり、試合のスケジュールは、未来に行なわれる試合について述べ、「望む」というのは、未来の事柄に対して用いるからです。このことにより、聞き手は、妥当な解釈を得ることができ、(34b) や (35)、(36b) をそれほど不自然だとは感じないのではないかと思われます。それに対して (13b) や (28) では、そのような推測を可能にする要素が何ら与えられていませんから、上で述べたような矛盾した解釈が生じ、不適格と判断されます。

　以上から、前節の最後で述べた (33) の制約を次のようにより入念な形に改めておきましょう。

(37) 従属節の過去形 BE 動詞は、未来時解釈を受け得る。一方、従属節の BE 動詞以外の過去形動詞は、それが自己制御不可能な ([-self-controllable]) 動詞の場合のみ、未来時解釈を受け得る。そして、従属節の BE 動詞以外の自己制御可能な ([+self-controllable]) 動詞は、未来時解釈を示唆する表現が先行文脈にない限り、未来時解釈を受け得ない。

本節の最後に、(13b) は、例えば次の (38) のような文脈があれば、適格になることを指摘し、それがなぜだかを説明したいと思います。

(13b)　*He **said** that his son **graduated** from college **the next / the following spring**.（graduated が、彼が発言した時より未来の出来事を指す解釈として、不適格文）

(38)　I bumped into Fred last year at our college reunion and **he said** that **his son** went to Africa as a medical volunteer in October 2009 and then **graduated** from college **the next /**

the following spring.

「昨年私は大学の同窓会でフレッドに偶然出会い、彼は、息子が医療ボランティアとして 2009 年 10 月にアフリカに行き、その翌年の春に大学を卒業したと言った。」

(38) の the next / the following spring は、(13b) のそれとは異なり、彼（フレッド）が息子のことを話した時点を基準にした「翌年の春」ではなく、彼の息子がアフリカへ行った 2009 年 10 月を基準にした「翌年の春」（つまり、2010 年の春）です。したがって (38) では、息子の大学卒業は、彼が息子の話をした時点より、過去の出来事を表わしており、未来時指示ではありません。よって (38) は、(13b) とは異なり、適格となります。

● 時や条件を表わす副詞節

中学や高校では、「時や条件を表わす副詞節の中では、未来のことでも現在形を用いる」という点が必ず教えられます。次の文を見てみましょう。

(39) a. I **will** leave **before** he **comes**.
　　b. I **will** go to see him **when** he **is** in town next time.
(40) a. **If** it **rains** tomorrow, the match **will** be canceled.
　　b. I **will** wait for you **if** you **are** not ready yet tomorrow morning.

(39a, b) の before 節と when 節の動詞は comes, is で、(40a, b) の if 節の動詞は rains, are で、いずれも現在形です。しかし、これら

は現在の動作や状態を表わしているのではありません。Next time, tomorrow, tomorrow morning のような副詞句と共起しており、明らかに未来の動作や状態を表わしています。したがって、(39)、(40) の副詞節の時制は、現在時を基準にした絶対時制ではあり得ません。むしろ、(39a) の before 節の時制は、主節が表わす未来の出来事時（つまり、話し手が未来において立ち去る時点）に依存する相対時制です。言い換えれば、(39a) の表わす事象が未来に起こることは、主節でマークされているため、その主節に依存する副詞節は、わざわざ未来を表わす絶対時制を用いる必要がありません。さらに、(39b) の when 節や (40a, b) の if 節の時制も、主節の時制に依存しており、これらの節が表わす時間、つまり、next time, tomorrow, tomorrow morning が指し示す未来時に対する相対時制です。

　さて、時や条件を表わす副詞節の中では、未来の事柄でも、will が用いられず、相対時制の現在形動詞が用いられるため、このような副詞節の中であれば、時制の一致が適用された場合、would ではなく、動詞の過去形が用いられ、(13b) や (28) の過去形動詞 graduated が、未来を表わす副詞と共起できると予測されます。この予測は、次の文が適格であることから、正しいことが分かります。

(41) a. John said that his son would spend a year in Europe **after** he **graduated** from college **next year**.
   b. John said that his daughter would become a CEO of one of his companies **when** she **graduated** from college **next year**.

それでは、(13b) や (28) の過去形動詞 graduated が不適格なのに、(41a, b) の graduated だと、どうして適格なのでしょうか。

(13b) や (28) の過去形動詞 graduated は、すでに述べたように、過去時解釈を受け、それが未来時表現の the next / the following spring や next year / two years from now と矛盾し、不適格となりました。一方、(39), (40) で観察したように、未来時を指す主節に埋め込まれた時や条件を表わす文の動詞は、主節の時制を基準とした相対時制ですから、(41a, b) のように、埋め込み文の動詞が、John said という出来事が起きた過去の文脈基準時から見た未来を表わす過去形助動詞 would (spend a year in Europe / become a CEO of one of his companies) であれば、副詞節の過去形動詞 graduated は、絶対時の過去時解釈を受けず、would を基準とした相対時制ということになります。つまり、graduated は、next year が指し示す未来時に対する相対時制です。したがって、(41a, b) の graduated は、未来時以前の時を表わすことになり、完了の解釈を受け、(13b) や (28) の graduated と異なり、過去時解釈を受けませんから、未来時表現の next year と矛盾せず、適格となるわけです。

時や条件を表わす副詞節が相対時制をとるという上記の観察で注意しておきたいことは、これは、主節が未来時を指すときに限ってのことであり、他の場合は、絶対時制が用いられるという点です。そのため、中学や高校で教えられている文法規則、「時や条件を表わす副詞節の中では、未来のことでも現在形を用いる」という規定は、一般化されるものではなく、適用範囲が極めて限られた規定です。実際、次に示すように、主節が未来時ではなく、過去時を指すときには、時を表わす副詞節の中でも過去形が用いられ、現在形は用いられません。

(42) a.　I **studied** before I **watched** TV yesterday.
　　 b. *I **studied** before I **watch** TV yesterday.

Before 節が常に相対時制をとるのなら、(42) で主節が過去形でも、(42b) が適格になるはずです。しかし、(42b) はもちろん不適格で、(42a) の watched のように過去形が用いられ、絶対時制となります。この点からも、英語の場合、時や条件を表わす副詞節が相対時制をとるのは、主節が未来時を指すときに限られた、特殊なものと言えます。

● 日本語の「～前に」

ここで、上の (42a) の適格な英語を日本語に直してみましょう。

(42) a.　I **studied** before I **watched** TV yesterday.
(43) a.　私は昨日、テレビを見る前に勉強した。
　　　b.＊私は昨日、テレビを見た前に勉強した。

勉強をしたのもテレビを見たのも過去のことなのに、どうして日本語では、英語と違って、従属節が「テレビを見る前に」のように、現在形になるのでしょうか。英語のように、主節も従属節も過去形にした (43b) の日本語は、理にかなっているはずなのに、「テレビを見た前に」は、誰にとっても容認できないまったくの不適格文です。どうして (43b) の日本語は、(42a) の英語と違って不適格なのでしょうか。

> I **studied** before I **watched** TV.
> 「僕はテレビを<u>見る</u>前に<u>勉強した</u>。」

　(43) の日本語が言おうとしている状況は、次のように、話し手が勉強したのとテレビを見たのが、どちらも過去（昨日）の出来事であり、勉強したのが、テレビを見たのより時間的に先だったことを表わします。

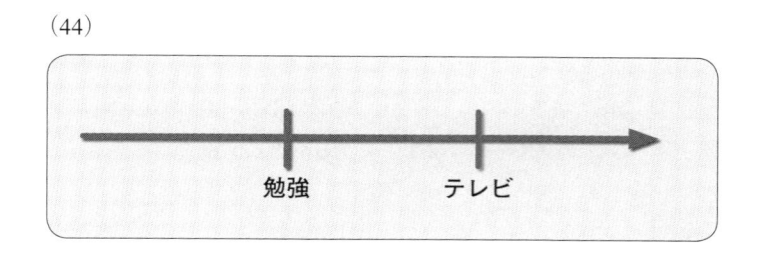

(44)

```
                 勉強        テレビ
     ─────────────┼──────────┼──────────▶
```

　(44) から分かるように、話し手が勉強した時点では、話し手はまだテレビを見ていません。そのため、テレビを見るのは、現在（発話時）を基準に考えるのではなく、勉強をした時点を基準に考えると、その時点より未来にあります。つまり、(43a) の「テレビを見る前に」の現在形は、現在時を基準にした未来の事柄を表わすのではなく、「勉強した」という過去の事柄を基準にして、

その事柄よりも「テレビを見る」ことが「未来」であるということを示しています。このように、「〜前に」という節の時制は、現在を基準にして示されるのではなく、主節の事柄を基準にして示されています。つまり、相対時制が用いられているわけです。そして、(43a) が適格で、(43b) が不適格であることから、「〜前に」節は、相対時制のみ用いられ、絶対時制は使うことができないことが分かります。

(43a, b) と異なり、「〜前に」節とその主節の表わす事柄が、ともに未来時の場合はどうでしょうか。当然、次のように両方の節で現在形が用いられ、「〜前に」節の動詞が過去形になることはありません。

(45) a.　私は明日、テレビを見る前に勉強する。
　　 b. *私は明日、テレビを見た前に勉強する。

主節の時制は、これまでも見たように、常に現在時を基準にした絶対時制で、(45a) の主節「勉強する」ももちろん、絶対時制です。ただ、(45a) の「〜前に」節の「テレビを見る」は、絶対時制ではなく、(43a) の場合と同様に、主節の「勉強する」ことよりも、「テレビを見る」ことが時間的に後に(つまり、「未来」に)起こることを示す相対時制です。

以上、日本語の「〜前に」節の時制は、主節が過去時を指すときでも、未来時を指すときでも、常にその主節の時制に依存する相対時制をとることを示しました。これは、英語の before 節の時制が、前節で観察したように、主節が未来時を指すときに限って相対時制をとるという事実と、極めて興味深い対照をなしています。

● 日本語の「〜後で」

　ここで、「〜前に」とは逆の、「〜後で」を考えてみましょう。仮に、話し手が明日、テレビを見て、その後で勉強するつもりにしていると仮定しましょう。つまり、次のような順序でこれら2つの事柄が行なわれることになります。

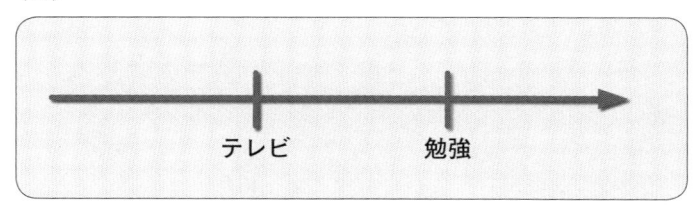

(46)

　　　　　テレビ　　　勉強

日本語ではこの状況が、たとえば次の (47a) のように述べられ、(47b) のようには言えません。

(47) a.　私は明日、テレビを見た後で勉強する。
　　 b.＊私は明日、テレビを見る後で勉強する。

話し手がテレビを見るのも、勉強をするのも、ともに明日の（未来の）事柄なのに、どうして過去形を用いて、(47a) のように「テレビを見た後で」と言うのでしょうか。どうして未来の事柄を表わす現在形を用いて、(47b) のように「テレビを見る後で」とは言えないのでしょうか。

　読者のみなさんは、もうすでにその答えにお気づきかもしれません。(46) に示したように、話し手が明日、勉強をする時点では、話し手はすでにテレビを見ています。そのため、テレビを見るの

は、勉強をする時点を基準に考えると、その時点より「過去」にあります。つまり、(47a) の「テレビを見た後で」の過去形は、現在時を基準にした過去の事柄を表わすのではなく、「勉強する」という主節の事柄を基準にして、その事柄よりも「テレビを見る」ことが「過去」にあるということを示しています。よって、「〜の後で」節の時制も、「〜前に」節の時制と同じく、主節の時制を基準にした相対時制であり、絶対時制は用いられないことが分かります。

次のように、「〜後で」節とその主節の表わす事柄が、ともに過去時の場合は、当然、両方の節で過去形が用いられます。

(48) a. 私は昨日、テレビを見た後で勉強した。
　　 b. *私は昨日、テレビを見る後で勉強した。

ここでも、(48a) の「〜後で」節の「テレビを見た」は、現在時を基準にした絶対時制ではなく、(47a) の場合と同様に、主節の「勉強した」ことよりも、「テレビを見た」ことが時間的に先に(つまり、「過去に」)起こったことを示す相対時制です。

以上から、「〜前に」節と「〜後で」節の時制は、どのような場合でも相対時制であり、絶対時制は用いられないことが分かりました。

● 結び

本章では、英語の「時制の一致」規則に一見合致していると見える次の (13b) のような文を考え、この文が不適格なのは、(37) の制約によるものであることを示しました。

(13) a. He **says** that his son **graduates** from college **next spring**.
   b. *He **said** that his son **graduated** from college **the next / the following spring**. （graduated が、彼が発言した時より未来の出来事を指す解釈として、不適格文）

(37) 従属節の過去形 BE 動詞は、未来時解釈を受け得る。一方、従属節の BE 動詞以外の過去形動詞は、それが自己制御不可能な（[-self-controllable]）動詞の場合のみ、未来時解釈を受け得る。そして、従属節の BE 動詞以外の自己制御可能な（[+self-controllable]）動詞は、未来時解釈を示唆する表現が先行文脈にない限り、未来時解釈を受け得ない。

そして、(13b) の不適格性を考察する過程で、時制には、絶対時制と相対時制の2つの種類があり、時制の一致は、絶対時制を相対時制に変換する規則だということを観察しました。また、時制の一致が適用される文とされない文で、どのような違いがあるかも明らかにしました。さらに、英語では、「時や条件を表わす副詞節の中では、未来のことでも現在形を用いる」という点が中学、高校で教えられますが、英語ではここで相対時制が用いられていることを観察し、日本語でも、「～の前に」や「～の後で」の節では、相対時制が用いられることを示しました。

「試験に合格できた」は I could pass the exam. か？

第9章

● You could win a jeep.

　筆者の一人が以前、ボストンにしばらく住んでいたときのことでした。知り合いの日本人の方がある日、自動車会社からのハガキを見せてくださって、「昨日このハガキが届いたのですが、何かジープが当たったようなんです！」と興奮気味に話されました。私は、「ワッ、すごい」と言って、そのハガキを見せてもらうと、ジープの絵が真ん中に描かれ、上に大きな字で次のように書いてありました。

　（1）　You could win a jeep.

Can は「できる」、したがって、その過去形の could は「できた」、win は「〈商品・賞金などを〉当てる、勝ち取る」という意味ですから、（1）は、「あなたはジープを当てる（勝ち取る）ことができた」、つまり、「あなたにジープが当たりました」とその人は解釈され、その喜びと興奮で、上のように話してくださったわけです。さて、本当にジープが当たったのでしょうか。

● Could / Couldn't が「できた／できなかった」という意味の場合

　Could は、上で触れたように、can の過去形として用いられ、

人が過去においてある事柄をすることができたとか、ある事柄をすることが許されていたという、「過去の能力や可能、許可」の意味を表わすことができます。次の例を見てみましょう。

(2) a. She **could** read Greek and Latin by the age of six.
「彼女は6歳までにギリシャ語とラテン語を読むことができた。」
   b. I **could** swim all the way across Walden Pond in my youth.
「私は若い頃、ウォールデン湖を泳いで渡ることができた。」
   c. In those days you **could** buy a cup of coffee for sixty cents.
「当時はコーヒーを一杯60セントで買うことができた。」
   d. When I lived with my parents, I **could** use my mother's car.
「両親と暮らしていたときは、母の車を使うことができた。」

(2a, b) では、彼女の6歳までの能力や話し手の若い頃の（運動）能力が述べられ、(2c) では、当時コーヒーを60セントで買うことができたという、過去の可能の意味が示され、(2d) では、話し手が母親の車を使うことができた（使うことが許されていた）という、過去の許可の意味が示されています。ここで、(2a-d) の could が「過去の能力や可能、許可」を表わすという点は、could が、過去時を明示する表現、by the age of six, in my youth, in those days, when I **lived** with my parents と共起していることからも明らかです。この点に注意してください。

第9章 「試験に合格できた」は I could pass the exam. か？ 135

In those days you **could** buy a cup of coffee for sixty cents. （=2c）

　Could の否定形 couldn't（could not）についても、上と同様のことが言えます。次の例を見てみましょう。

(3) a. They took a trip to Paris, but they **couldn't** speak French.
「彼らはパリに旅行したが、フランス語は話せなかった。」

b. I studied day and night for the test, but I **couldn't** pass it.
「私はその試験に備えて日夜勉強したが、合格することができなかった。」

c. I **couldn't** enjoy the party last night.
「私は昨晩のパーティーを楽しむことができなかった。」

d. Because of my computer trouble, I **couldn't** download anything.
「コンピューターの故障で、何もダウンロードできなかった。」

e. When we went to London, we **couldn't** smoke at all in the restaurants
「ロンドンに行ったとき、レストランでタバコを吸う

ことは一切できなかった。」

(3a, b) では、彼らがフランス語を話せなかったり、話し手が試験に合格できなかったという、過去の能力（不能力）が述べられ、(3c, d) では、話し手がパーティーを楽しめなかったり、ダウンロードできなかったという、過去の可能（不可能）の意味が示され、(3e) では、タバコを吸えなかったという、過去の許可（不許可、禁止）の意味が示されています。そしてここでも、couldn't が、(3a-c, e) で過去を明示する表現 they **took** a trip to Paris, I **studied** day and night, last night, when we **went** to London と共起していることに注意してください。また (3d) では、because of my computer trouble があるために、コンピューターの故障が過去においてあったことが示唆され、この文全体が過去の出来事を述べていることが分かります。

● 仮定法で使われる場合

Could や couldn't は、「できた／できなかった」という過去の能力や可能、許可を表わすだけでなく、現在の事柄を述べて、「できる（のに）／できない（だろう）」という意味も表わします。そうです、みなさんがよくご存知の「仮定法」です。次の例を見てみましょう。

(4) a. I **could** swim all the way across Walden Pond **if I had to**.（cf. 2b）
「ウォールデン湖を泳いで渡らなければならないのなら、私はそれができるだろう。」
b. **Even if I took the test**, I **couldn't** pass it.

「私がその試験を受けても、受からない（受かることが<u>できない</u>）だろう。」

c. **If it stopped raining now**, we **could** go on a hike.
「もし雨が今やめば、ハイキングに行くことが<u>できる</u>のに。」

d. I **could** check the document **now**, **if you like**.
「もしお望みなら、その書類を今調べることも<u>できます</u>。」

e. She **could** borrow his smart phone **if she asked**.
「彼女が頼めば、彼女は彼のスマートフォンを借りることが<u>できる</u>のに。」

f. **Without your help**, I **couldn't** do my work at all.
「あなたの助けがなければ、私は仕事がまったく<u>できない</u>だろう。」

(4a-e) は、どの文にも仮定を表わす if 節があり、「もし～なら、～できる」（「仮に～しても、～できない」）という仮定法であることが明らかです。(4a, b) では、話し手がウォールデン湖を泳いで渡ることが<u>できる</u>とか、試験に<u>受からない</u>という、<u>現在</u>の能力が述べられています。(4c, d) では、ハイキングに行くことが<u>できる</u>、その書類を調べることが<u>できる</u>という、<u>現在</u>の可能の意味が示され、(4e) では、彼女が彼からスマートフォンを<u>借りられる</u>という、<u>現在</u>の許可の意味が示されています。(4f) には if 節がありませんが、without your help がそれに相当し、「もしあなたの助けがなければ」という仮定を表わしています。そして、これらの文が<u>現在</u>の能力や可能、許可を表わしていることは、(4c) の条件節や (4d) の主節で、now が用いられていることからも明らかです。つまり、(4a-f) の could や couldn't は、can / can't の

過去形ですが、これらの文は、過去ではなく、現在の事柄を述べています。

それにもかかわらず、なぜ could, couldn't が用いられたり、(4d) 以外の他の文の if 節で、動詞が過去形になっているのでしょうか。ご存知のとおり、それは、話し手が、これらの文で述べられていることが現実のことではなく、実際には起こらないと思っているからです。それにもかかわらず、そのように仮定してみればというわけですから、これらの文は「仮定法」と呼ばれ、動詞が過去形になるため、「仮定法過去」と呼ばれます。

ここで、次の2文を比べてみましょう。

(5) a. If it **stops** raining now, we **can** go on a hike.
　　 b. If it **stopped** raining now, we **could** go on a hike. (=4c)

(5a) のような文は、(5b) の仮定法と異なり、話し手が、雨がやむかも知れないと思っていて、「もしやめば」と仮定しています（したがって、現実のことを述べているので、このような文は「直説法」と呼ばれます）。一方 (5b) では、話し手が、「まだ雨はやみそうもない」と思っていて、「もし仮にやんだとすれば」と起こりそうにないことを仮定しています。

(4a-f) のような if 節やそれに相当する条件を表わす表現がなくても、could や couldn't が仮定法であることが文脈から分かる場合もあります。次の例を見てみましょう。

(6) a. I **could** eat **a horse**.（イディオム）「腹ぺこです。」
　　 b. You **could** hear a pin drop.（イディオム）
　　　　「水を打ったようにしんとしている。」
　　 c. We **couldn't** ask for a **better** teacher.

「これ以上の先生を望むことは**できない**。」
    d. We **could** call you **some other time**.
        「ほかの時ならお電話**できる**のですが。」

(6a) は、(馬一頭でも食べようと思えば食べられるぐらい) 腹ぺこだというイディオムです。話し手が過去において馬を一頭丸ごと (**a** horse) 食べたなんて、社会常識上あり得ませんから、(6a) は仮定法だと容易に理解できます。(6b) も、ピンの落ちる音でも聞こえるぐらい静かだというイディオムです。ピンの落ちる音など聞こえるはずがありませんから、(6b) も仮定法だと容易に理解できます。(6c, d) でも、比較級の better や some other time があるため、これらの文は、「現在の先生よりいい先生を望むことはできない」、「ほかの時なら電話できる」という意味で、仮定法だと容易に解釈できます (【付記1】参照)。

● 過去の出来事か現在の仮定か？ (1)

それでは、(2), (3) のように過去時を明示する表現や、(4), (6) のように仮定法であることを明示/示唆する表現がない場合は、could や couldn't は、「〜ができた/できなかった」という過去の出来事と、「〜ができる (のに) /できない (だろう)」という現在の仮定のどちらを意味するのでしょうか。まず、次の例を見てください。

(7) I **could** enjoy the party. [現在の仮定のみ]
     解釈：そのパーティーを楽しむことが**できるだろう**。
            (I **would be able to** enjoy the party (**if I attended it**).)

(7) の文には、「そのパーティーを楽しむことができた」という、過去の出来事を表わす解釈はなく、「そのパーティーを楽しむことができるだろう／できるのに」という、現在の仮定を表わす解釈しかありません。同じことは、次の2文についても言えます。

(8) a. I **could** pass the entrance exam.［現在の仮定のみ］
解釈：(受ければ／頑張れば) 入試に受かるだろう。
(I **would be able to** pass the entrance exam (**if I took it**).)
b. I **could** find him.［現在の仮定のみ］
解釈：彼を (探せば) 見つけることができるだろう。
(I **would be able to** find him (**if I looked**).)

(7), (8a, b) の could には、「〜できるだろう／できるのに」という、現在の仮定の意味しかないというのは、たとえば (7) に過去時を表わす last night をつけて、「昨晩のパーティーを楽しむことができた」という、過去の出来事を表わそうとすると、次のように不適格となることからも明らかです。

(9) *I **could** enjoy the party **last night**.

しかし、もちろん、could に過去の出来事を表わす「〜できた」という意味が常にないわけではなく、たとえば次の文の could には、以下の2つの意味があります。

(10) I **could** swim all the way across Walden Pond.
解釈 (A)：ウォールデン湖を泳いで渡ることができた。
(I **was able to** swim all the way across Walden Pond.)

解釈（B）：ウォールデン湖を泳いで渡ることが<u>できる</u>
（だろう）。

（I **would be able to** swim all the way across Walden Pond.）

　(10) は、(2b) の過去時を表わす in my youth や、(4a) の仮定条件 if I had to を除いた文です。そしてこの文の could には、「〜できた」という過去の出来事と、「〜できるだろう」という現在の仮定の2つの意味があり、曖昧です（【付記2】参照）。

　どうして、(7) や (8a, b) の could には、「〜できた」の意味がないのに、(10) の could には、その意味があるのでしょうか。(7), (8a, b) と (10) が表わす出来事には、どのような意味の違いがあるのでしょうか。さらに、(9) の could には「〜できた」の意味がないので、last night と共起できませんが、(3c) (=I **couldn't** enjoy the party **last night**.) では、couldn't に「〜できなかった」という過去の出来事を表わす意味があり、この文は適格でした。なぜ could と couldn't にこのような違いがあるのでしょうか。本章では以下、このような謎を明らかにしたいと思います。

● Could, couldn't は「出来事」ではなく、「状態」を表わす

　まず初めに、can を用いた次の文を考えてみましょう。

(11) a.　I **can** swim two miles.（能力）
　　 b.　He **can** come to the party tonight.（可能）
　　 c.　You **can** use my car.（許可）

(11a) は、2マイル泳ぐことができるという話し手の現在の能力

を表わし、(11b) は、彼が今夜パーティーに来ることができるという可能の意味を、(11c) は、聞き手が話し手の車を使える（使うことが許されている）という許可の意味を表わしています。つまり助動詞の can は、本動詞以下で示される行為（２マイル泳いだり、パーティーに参加したり、車を使うなど）を「することが<u>できる状態にある</u>」ということを表わし、（現在の）行為、出来事ではなく、（現在の）状態を表わす表現です。そして can の否定形 can't（cannot）は、「～することが<u>できない状態にある</u>」という意味で、can と同様に、（現在の）状態を表わす表現です。そのため、たとえば (11a) を次の (12a) のような can のない文と比べてみると、大きな違いがあることに気がつきます。

(12) a. I swim two miles (every day). （習慣的行為）
 b. I **can** swim two miles. （能力）（=11a）

(12a) は、話し手が（毎日）２マイル泳ぐという習慣的行為を表わし、実際に話し手がその行為を（毎日）することが示されています。一方 (12b) は、話し手が２マイル泳ぐことが<u>できる能力を持っている</u>という、状態を表わす文で、話し手が実際にそのような行為を行なっているかどうかは示されていません。

さて、could や couldn't が過去時に言及し、「～できた／できなかった」という意味を表わす場合は、上の can / can't の表わす意味が過去時になるので、次のように規定することができます。

(13) 過去時を指す could と couldn't は、「～できる状態にあった」、「～できない状態にあった」という、過去の状態を表わす表現である。

この点が明らかになると、(2a-d)(以下に再録)がいずれも、過去の状態を表わしていることが分かります。

(2) a. She **could** read Greek and Latin by the age of six.
b. I **could** swim all the way across Walden Pond in my youth.
c. In those days you **could** buy a cup of coffee for sixty cents.
d. When I lived with my parents, I **could** use my mother's car.

(2a) は、彼女が6歳までにギリシャ語とラテン語を読むことができる能力を持っていたことを表わす状態記述文です。過去のある時点で、彼女がギリシャ語とラテン語を読んだというような行為記述文ではありません。同様に (2b) は、話し手が若い頃にウォールデン湖を泳いで渡る能力を持っていたことを表わし、(2c) は、当時コーヒーを買いたい時は(いつでも)60 セントで買える状態にあったことを表わしています。実際に話し手がある時、ウォールデン湖を泳いで渡ったとか、コーヒーを 60 セントで買ったという行為を述べているわけではありません。(2d) も、話し手が母の車を(いつでも)使うことができる状態にあったという、過去の状態を表わす文です。実際に話し手がその車を使ったかどうかは示されていません。要するに (2a-d) は、「そうしたいときにはいつでもそうすることが<u>できる状態にあった</u>」という、過去の能力や可能、許可を表わす状態記述文です。

● 一般的能力か1回の出来事か？

Swan (2005: 98) は、過去時を指す could が、何かをしようと思えばいつでもできたという、「一般的能力」(general ability) を表わし、過去の特定の(1回だけの)行為をすることができたと

(14) a.　When I was younger, I **could** run 10km in under 40 minutes.
　　 b. *I **could** run 10km yesterday in under an hour.

しかし Swan は、それではなぜ、could が（14a）のように話し手の一般的能力を表わせば適格で、（14b）のように 1 回だけの行為を表わせば不適格になるのかを説明していません。（14b）が不適格なのはなぜでしょうか。

（14a）は、話し手が 10 キロを 40 分以内で走ることができるという恒常的な能力を持っていたことを表わす状態記述文です。そのためこの文は、（2a, b）等と同様に適格です。他方、（14b）が意図しているのは、話し手が昨日 10 キロを 1 時間以内で走った（走ることができた）という、1 回限りの出来事・行為を聞き手に伝えることですが、could は、（13）に示したように、「～できる状態にあった」という、過去の状態を表わす表現なので、（14b）のように 1 回の行為を表わすことを意図する文には用いられず、この文が不適格となります。言い換えれば、（14b）は、「私は昨日 10 キロを 1 時間以内で走ることが<u>できる状態にあった</u>」という意味になりますが、これでは、実際に 10 キロを 1 時間以内で走ったのか走らなかったのか不明のままで、（14b）の意図する「走ることができた」という意味にはなりません。よって、この文は不適格であると説明できます（【付記 3】参照）。

Swan（2005: 98）は、過去時を指す could が、1 回だけの行為を表わす場合には用いられないのに対し、couldn't は用いられることを指摘し、次の文をあげています。

(15) I managed to find the street, but I **couldn't** find her house.

しかしここでも Swan は、could が 1 回だけの行為に対して用いられないのに、couldn't が用いられるのはなぜかを説明していません。この could と couldn't の違いは何に起因しているのでしょうか。(【付記4】参照)。

それは、couldn't も could と同様に、過去の状態を表わしますが、(15) で「通りは何とか見つけられたが、彼女の家を見つけることは<u>できない状態にあった</u>」という、状態を表わす否定表現から、必然的に「見つけることができなかった」という過去時の出来事の解釈（含意）が生じるからだと考えられます。

これで、(9) と (3c)（以下に再録）の適格性の違いも同様に説明することができます。

(16) a. *I **could** enjoy the party **last night**. (=9)
　　 b. I **couldn't** enjoy the party **last night**. (=3c)

(16a) は、(14b) と同様に、話し手が昨晩パーティーを楽しんだ（楽しむことができた）という、1 回限りの出来事・行為を表わすことを意図していますが、そこに状態を表わす could が用いられています。言い換えれば、(16a) は本来、「昨晩パーティーを楽しむことができる状態にあった」という意味になりますが、この意味には、「パーティーを楽しんだ」という過去の出来事の解釈（含意）がありません。よって、(16a) は不適格となります。一方 (16b) は、「昨晩パーティーを楽しむことができない状態にあった」という意味なので、必然的に楽しむことができなかったという過去時の出来事の解釈（含意）が生まれ、(15) と同様に適格となります。

以上の説明から、couldn't は、could と異なり、過去の一般的能力や可能、許可を表わす文にも、過去の特定の出来事を表わす

文にも用いられることが分かりました。そのため、本章冒頭で示した（3a-e）（(3a, b) を以下に再録）は、これら 2 つの場合がありますが、どれも適格な文です。

(3) a. ［過去の一般的能力］
    They took a trip to Paris, but they **couldn't** speak French.
    「彼らはパリに旅行したが、フランス語は話せなかった。」
  b. ［過去の特定の出来事］
    I studied day and night for the test, but I **couldn't** pass it.
    「私はその試験に備えて日夜勉強したが、合格することができなかった。」

過去時を指す could が、過去の特定の（1 回だけの）行為をすることができたという場合には使えないという点は、次のような例でも見られます。

(17) a. *I **could** swim all the way across Walden Pond **yesterday**.
  b. *When I went to that coffee shop, I **could** buy a cup of coffee for sixty cents.
  c. *She **could** borrow their car when she visited her parents last weekend.

そして、これらの文の不適格性は、上で述べた（14b）や（16a）の不適格性と同様に説明できます。(17a-c) は、過去の 1 回の行為ができたことを述べようとしているので、状態を表わす could ではなく、次のような表現を用いて述べなければいけません。

(18) a. I **was able to/managed to** swim (I **succeeded in** swimming) all the way across Walden Pond yesterday.
   b. When I went to that coffee shop, I **bought /was able to** buy a cup of coffee for sixty cents.
   c. She **borrowed / was allowed to** borrow their car when she visited her parents last weekend.

以上から、本章のタイトル「『試験に合格できた』は I could pass the exam. か？」に対する答えは、「ノー」ということになります。「試験に合格できた」に対応する英語は、I **could** pass the exam. ではなくて、I **was able to** pass the exam. や I **managed to** pass the exam. / I **succeeded in** passing the exam. などのややまわりくどい表現か、あるいは短刀直入の I **passed** the exam. です。

ただここで、could が過去の状態を表わすのなら、was（were）able to も、「～する能力があった」という状態を表わし、could と同じなので、「（実際に）～できた」という過去の1回の行為の達成は表わせないのではないかと思われることでしょう。学校文法ではしばしば、can = be able to, could = was（were）able to と考えられていますから、この疑問は当然のことです。しかし、was（were）able to が表わす状態は、could が表わす状態より、恒常性が低く、「～する能力があった」だけでなく、能力があったので、その行為を実際に行なったという意味も表わします。

この点は、たとえば *Longman Advanced American Dictionary* で、able に「何かをするための技術や力、知識などを持っていること」（'to have the skill, strength, knowledge etc. to do something'）という、純粋な状態の意味と、「何かをするのが状況から可能なので、実際にそれをする機会を持つこと」（'to have the chance to do something because the situation makes it possible for you to do it'）という、

行為を表わす意味の2つがあると示されていることからも分かります。また、*Collins Cobuild English Usage*（2004: 87）には、次のように書かれています。

(19) If you say that someone **was able to** do something, you usually mean that they had the ability to do it and they did it. *Could* does not have this meaning.
「Someone **was able to** do something と言うと、それは、その人が何かをする能力を持っており、実際にそれをしたということを意味します。でも、could にはこの意味はありません。」

したがって、was（were）able to は、could と異なり、過去の行為の達成を表わすこともできます。この点に注意してください。そして、can（could）は恒常性が高く、「〜できる状態にある（あった）」を意味しますから、日本語の「（〜する）ことができる」という表現は、can ではなく、be able to に対応していることにも留意してください。

● 「不可能状態」と「可能状態」の対照

　前節で、過去時を指す could は、過去の特定の行為をすることができたという場合には用いられないことを示し、(14b)、(16a)、(17a-c)のような例をあげて、その理由を説明しました。しかし、これらの文も次のように若干変更したり、ある文脈に入れると、過去の1回だけの行為にもかかわらず、適格になります。

(20) a. *I **could** run 10km **yesterday** in under an hour.（Swan 2005:

98) (=14b)

b. I've been training at the high school track for the November marathon and **yesterday** I was pleasantly surprised to find I **could** run 10km in under an hour.
「11月のマラソンに向けて高校の競技場のトラックで練習してきたが、昨日10キロを1時間以内で走ることができ、自分でも驚き、嬉しかった。」

(21) a. *I **could** swim all the way across Walden Pond **yesterday**. (=17a)

b. I **could** swim all the way across Walden Pond **yesterday**, though I hadn't managed it the day before.
「一昨日はウォールデン湖を泳いで渡ることができなかったけれど、昨日はそうすることができた。」

c. It's taken me a long time to recover from my bout of pneumonia this spring. I was unable to exercise for months and became really sick. But lately I've been feeling stronger and **yesterday** I **could** swim all the way across Walden Pond.
「この春に肺炎になり、その発作から回復するまでに随分とかかった。何ヶ月も運動ができず、ずっと病気だった。しかし最近は元気になって、昨日はウォールデン湖を泳いで渡ることができた。」

(22) a. *When I went to that coffee shop, I **could** buy a cup of coffee for sixty cents. (=17b)

b. I **could** buy a cup of coffee for a dollar **this morning**, since I got a coupon in the mail.

「メールのクーポンを持っていたので、今朝コーヒーを1ドルで買うことができた。」

(20a), (21a), (22a) が不適格なのに、(20b), (21b, c), (22b) はどうして適格なのでしょうか。それは、後者の文では、10キロを1時間以内で走ったり、ウォールデン湖を泳いで渡ったり、コーヒーを1ドルで買うことが、難しかったり、できないだろうという、「不可能な状態」が文脈で示されているからだと考えられます。そして、その「不可能な状態」と対照される形で(つまり、「予測に反して」とか、「困難や逆境にもかかわらず」)、それらの行為ができる状態にあったという、「可能状態」が述べられています。不可能状態から可能状態への変化、推移があったと言えるには、その証拠がなければならないので、「～できる状態にあった」という could の意味から、必然的に「～することができた」という、過去の特定の出来事が成立したという解釈(含意)が生まれ、これらの文が適格になると考えられます。

先行文で couldn't が用いられ、その不可能状態と対照される形で過去時を指す could が用いられる場合も多くあります。次の例を見てみましょう。

(23) Lisa and I both took the exam yesterday. She had fooled around most of the semester without studying much, so she **couldn't pass it**. I had studied a lot, so I **could**.
「リサと私は、昨日その試験を受けました。彼女は学期のほとんどを勉強もあまりしないでぶらぶらしていたので、合格しませんでした。でも私はすごく勉強したので、合格しました。」

(24) The thief ran down the alley, scaled a high fence at the end, and

kept running. My partner, out of shape after recovering from being shot, **couldn't climb the fence**, but I **could**, and after chasing the thief for a few more blocks, I caught him.

「泥棒は裏道を走って逃げ、その道の突き当たりの高いフェンスをよじ登り、走り続けた。私のパートナーは撃たれて状態が悪く、フェンスを登ることはできなかった。しかし私は登ることができ、泥棒をさらにもう何ブロックか追いかけて、ついに捕まえた。」

（23），（24）では、could が現われる前に couldn't があります。Couldn't は、（15）や（16b）で述べたように、「〜できない状態にあった」という否定表現から、必然的に「〜できなかった」という意味が生じます。（23），（24）では、この couldn't と対照される形で could が使われているので、could も、「〜できる状態にあった」という意味から、「〜することができた」という特定の出来事が成立したという解釈（含意）が生じ、（23），（24）が適格となります。

● 疑問文の場合

私たちは（8b）（以下に再録）で、この肯定文が現在の仮定を表わす意味しかなく、過去の出来事を表わす解釈はないことを述べました。

(8) b.　I **could** find him.［現在の仮定のみ］
　　　　解釈：彼を（探せば）見つけることが<u>できるだろう</u>。
　　　　　　　(I **would be able to** find him (**if I looked**).)

しかし、(8b) を疑問文にすると、次のように２つの意味があり、曖昧です。

(25) **Could** you find him?
　　　解釈（A）：彼を見つけることが<u>できたか</u>。[過去の特定の
　　　　　　　　出来事]
　　　　　　　（**Were** you **able to** find him? / **Did** you find him?）
　　　解釈（B）：（探せば）彼を見つけることが<u>できる</u>でしょう
　　　　　　　　か。[現在の仮定]
　　　　　　　（**Would** you **be able to** find him if you **looked**?）

どうして疑問文になると、could は過去時を指すことができ、解釈（A）が可能となるのでしょうか。
　それは、(25) のような疑問文は「選択疑問文」と呼ばれ、**Could** you or **couldn't** you find him? と書き換えられることからも分かるように、肯定と否定の並行構造を持っているためだと考えられます。並行構造は並行解釈を要求し、**Couldn't** you find him?（「彼を見つけることができない状態にあったか」）という「否定状態」の解釈から、すでに (15), (16b) 等で見たように、「彼を見つけることができなかった」という「出来事」の含意が生じますから、これと並行的に、**Could** you find him?（「彼を見つけることができる状態にあったか」）という「肯定状態」の解釈から、「彼を見つけることができたか」という「出来事」の解釈（(25) の解釈（A））が生じます。
　次の疑問文でも同じことが言え、これらの文はいずれも、could が過去時を指す解釈として適格です。

(26) a.　**Could** you reach the top of the mountain?

「山の頂上までたどり着くことができましたか。」
   b. **Could** you solve the problem?
      「問題を解決できましたか。」
   c. **Could** you talk with him?
      「彼と話すことができましたか。」

　ここで、(25) や (26a-c) の could を用いた疑問文は、did を用いた次の疑問文とは若干意味が異なることを指摘しておきましょう。

(27) a. **Did** you find him?
   b. **Did** you reach the top of the mountain?
   c. **Did** you solve the problem?
   d. **Did** you talk with him?

(27a-d) の疑問文では、話し手が聞き手にそれぞれの行為をしたかどうかを単に尋ねていますが、(25),(26a-c) では、話し手は、聞き手がそのような行為をする際に、何らかの困難があったことを想定しています。たとえば (26a) では、天候が荒れていて山登りが大変な状況であったり、(26b) では、その問題の解決が難しいと予想されていたりします。また (26c) では、たとえば、ある人が病気がひどくて入院しており、面会時間も制限されているような状況で、その人を見舞いに行った人に対して用いられることが考えられます(【付記５】参照)。
　(25) や (26a-c) の疑問文は、could が過去時を指す解釈で適格ですが、次の疑問文は不適格です。

(28) ***Could** you pass the entrance exam **yesterday**?

この文には、could が過去時を指す解釈はなく、また、過去時を明示する副詞 yesterday があるので、現在の仮定を表わす解釈もなく、不適格です。しかし、(25)、(26a-c) が適格なのに、どうして (28) は不適格なのでしょうか。それは、「入試に受かる状態にあったか（あるいはなかったか）」という、恒常的であるはずの状態記述の文に、yesterday という短い時間を表わす副詞が用いられているために、(28) が状態記述文として解釈されるのが難しいためだと考えられます。

これに対して、同じ yesterday が用いられても、次の文は適格です。

(29) For the first time **yesterday**, I **could** swim all the way across Walden Pond.
「昨日初めて、私はウォールデン湖を泳いで渡ることができた。」

この文では、話し手が昨日より以前にはウォールデン湖を泳いで渡ることができず、昨日を境にそれができるようになったことが述べられています。そのため yesterday は、不可能状態から可能状態への推移の時の指定をしているのであって、可能状態の中から yesterday という短い時間を切り取って、その可能状態について述べているわけではありません。(29) の文字通りの意味は、「昨日初めて私はウォールデン湖を泳いで渡る能力があった、泳いで渡れる状態にあった」という状態記述で、昨日を境に不可能から可能に推移したということから、「昨日泳いで渡ることができた」という解釈が得られることになります。

● 過去の出来事か現在の仮定か？ (2)

　以上の議論から、「過去の出来事か現在の仮定か？(1)」の節で提示した問題に答えることができます。私たちはそこで、(10)(以下に再録)には、could が過去時を指す解釈があるのに対し、(8a) や (8b)(以下に再録)には、そのような解釈がなく、現在の仮定を表わすのみであることを指摘しました。

(10) I **could** swim all the way across Walden Pond.
　　　［過去（の恒常的状態）の意味あり］
(8) a.　I **could** pass the entrance exam.［現在の仮定のみ］
　　b.　I **could** find him.［現在の仮定のみ］

(10) は、(14a)（=When I was younger, I **could** run 10km in under 40 minutes.）と同様で、話し手がウォールデン湖を泳いで渡る能力を持っていたという状態記述文です。よって、could が過去時を指す解釈が可能です。一方、(8a, b) は、(14b)（=*I **could** run 10km yesterday in under an hour.）と同様で、1回の出来事・行為を意図しているので、could が過去時を指す解釈がなく、現在の仮定の意味しかありません。

● まとめ

　本章ではまず、could と couldn't が、「できた／できなかった」という過去の能力や可能、許可の意味を表わす場合と、「できる（のに）／できない（だろう）」という現在の仮定の意味（仮定法）を表わす場合の基本的用法を観察しました。そして次に、文中に過去時を明示する表現や仮定法であることを明示／示唆する表現

がない場合に、could や couldn't が上の２つの意味のどちらを表わすかを考え、両者には、たとえば次のような非対称性があることを示しました。

(16) a. *I **could** enjoy the party **last night**. （=9）
   b. I **couldn't** enjoy the party **last night**. （=3c）

そしてこのような違いを説明するために、まず、過去時を指す could / couldn't は、過去の<u>状態</u>を表わすことを示しました。そのため (16a) は、「昨晩パーティーを楽しむことができる状態にあった」という意味になるため、「パーティーを楽しんだ」という過去の出来事の解釈（含意）が生じず、不適格です。一方 (16b) は、「昨晩パーティーを楽しむことができない状態にあった」という意味から、必然的に楽しむことができなかったという出来事の解釈（含意）が生じ、適格となります。

さらに、過去時を指す could が、一般的な能力や可能、許可を表わすことができるのは、それが<u>状態記述文</u>であるからであり、１回だけの行為でも、「予測に反して」という文脈が示されたり、couldn't と対比的に用いられると適格になるのは、不可能状態と可能状態が対照されているからであることを示しました。また、過去時を指す could が選択疑問文でも用いられることを示し、これは、選択疑問文という並行構造が並行解釈を要求することに起因していることを述べました。

読者のみなさんはもうお気づきのことと思いますが、本章冒頭で触れたハガキの文、You **could** win a jeep. は、(8a) の I **could** pass the entrance exam. と同じで、「（あなたは応募などすれば）ジープを当てることが<u>できる</u>」、つまり、「ジープが当たります！」という意味の仮定法です。知り合いの日本人の方は、ジープが当

たったのではなかったのです。実際、その人からこの話を聞いてから、その人が新しいジープに乗っておられる姿を見かけることは、残念ながらありませんでした。

What were you wanting? は「何を望んでいたの」という意味だけか？

第10章

● はじめに

私たちは本書の第4章で、英語の過去形が表わす意味を次のように規定しました。

> (1) **英語の過去形の意味**：英語の過去形は、動詞の表わす動作・出来事や状態が過去において起こったことを表わし、それらが現在には及んでいないことを示す。

この規定は一般的には正しいと考えられますが、しかし、過去形が現在とは切り離された過去の事柄を常に表わすかというと、そうではない場合が3つあります。

その1つは、第8章で考察した「時制の一致」によるものです。次の例を見てみましょう（Quirk et al.（1985: 188））。

(2) A: How did you know that I **was** Max Wilson?
    B: Well, I remembered that you **were** tall, and **wore** glasses.

(2A) と (2B) の質問と応答で、was, were, wore が過去形なのは、主節の動詞との時制の一致によるもので、過去の状態を表わしているわけではありません。つまり、人の名前や特徴はそうめったに変わるものではなく、これらの文は、話し手 A が Max Wilson

で、背が高く、メガネをかけているという、現在の状態を表わしています。

動詞の過去形が必ずしも過去の事柄を表わしてはいない2つ目の場合は、第9章でも触れましたが、「仮定法」です。次の例を見てみましょう。

(3) a. If you **took** the test, you **could** pass it.
  b. He talks as if he **was** a magician.

これらの文では、話し手が現在の状況とは異なる仮定をしているために、動詞が took や could, was の過去形になっています。これらの動詞が、聞き手が過去においてテストを受けたとか、それに受かった、さらに彼が過去において魔術師だった、のような過去の事柄を述べているのではないことは、誰にも明らかです。

さて、この章で取り上げたいのは、過去形が過去の事柄を表わしてはいない3つ目の場合で、次のように現在形と過去形の両方が用いられ、ともに現在の事柄を表わす場合です。

(4) a. Sorry, what **is** / **was** your name again?
  「すみません、もう一度お名前を教えていただけますか。」
  b. I **want** / **wanted** to talk to you this afternoon.
  「午後あなたとお話ししたいんですが。」
  c. How much **do** / **did** you **intend** to spend on your tie, sir?
  「ネクタイにどれぐらいお金をおかけになるおつもりですか。」
  d. I **wonder** / **wondered** if you **can** / **could** give me some advice on my paper.

「私の論文に関していくつかご助言をいただけないでしょうか。」

(4a-d) の太字の動詞は、現在形でも過去形でも、日本語訳に示したように、現在の事柄を述べており、ほぼ同じ意味を表わしています。しかし、過去形の方が現在形より丁寧な意味合いが含まれています(【付記1】参照)。

ただ、過去形が現在の事柄を表わし、丁寧な表現になるというのは、(4a-d) のような場合に限られており、次のような文の過去形は、もちろん過去の事柄を表わし、丁寧な表現ではありません。

(5) a. How old **were** you when the war **broke out**?
「戦争が始まったとき、あなたは何歳でしたか。」
b. How much **did** you **spend** on your tie?
「ネクタイにいくらお金を使いましたか。」
c. I **checked** if the machine **was** working properly.
「その機械がちゃんと作動しているか点検しました。」

なぜ、(4a-d) では過去形が使われているのに、現在の事柄を表わし、丁寧な表現になるのでしょうか。(4a-d) と (5a-c) の違いは何でしょうか。本章ではこのような問題を考え、動詞(と助動詞)の過去形や進行形と丁寧表現がどのように関係しているかを明らかにしたいと思います。

● なぜ過去形が丁寧な意味合いを持つのか?

まず、(4a-d)(以下に再録)から考えてみましょう。

(4) a. Sorry, what **is / was** your name again?
  b. I **want / wanted** to talk to you this afternoon.
  c. How much **do / did** you **intend** to spend on your tie, sir?
  d. I **wonder / wondered** if you **can / could** give me some advice on my paper.

(4a) で、人の名前は、その人が生まれて名付けられた後、ずっと現在まで（そして死ぬまで）変わったりすることは通例ありません。つまり、人の名前は、一定不変の永続的状態です。したがって、What **was** your name? という文自体は、「あなたの名前は何<u>だったか</u>」という過去の状態を尋ねていますが、あなたの名前が変わったという状況がこの文では示されていませんから、聞き手はこの文が、「あなたの名前は何<u>ですか</u>」という現在の事柄を尋ねているのだと推論することができます。同じことが、(4b-d) の過去形の動詞についても言えます。これらの文の動詞 want や intend, wonder は、話し手や聞き手の意志や意図、心理状態を表わす状態動詞で、人の願望や意図は、すぐに変わったり、消えてしまうものではなく、ある一定期間継続するのが普通です。したがって、(4b) の I **wanted** to talk to you this afternoon. という文自体は、「私は午後あなたと話し<u>たかった</u>」という、話し手の過去の心理状態を述べていますが、その気持ちが途中で変わったという状況が示されていませんから、聞き手はこの文が、「私は午後あなたと話が<u>したい</u>」という、話し手の現在の気持ちを述べた文だと推論することができます。(4c, d) でも同様です。

　一方、(5a-c)（以下に再録）はどうでしょうか。

(5) a. How old **were** you when the war **broke out**?
  b. How much **did** you **spend** on your tie?

c. **I checked** if the machine **was** working properly.

 (5a) では、「戦争が始まったとき」という、過去を明示する表現があり、人の年齢は年とともに変わっていきますから、この文は現在の事柄ではなく、過去の事柄を尋ねていることが明らかです。さらに (5b, c) の動詞 spend や check は、状態動詞ではなく行為動詞ですから、そのような行為が過去に行なわれると、そこで終了し、現在には継続しません。そのため、これらの文も、現在には及んでいない過去の事柄を表わしていることが明らかです。

 それでは話し手は、(4a-d) でどうしてわざわざ過去形を用いたりするのでしょうか。そして、過去形を用いると、どうして丁寧な表現になるのでしょうか。それは、話し手が自分の質問や意図、気持ちを過去形で示すことによって、それらが聞き手に対する現在の直接的なものではなく、現実から離れたより間接的なものであることを示すことができるためだと考えられます。つまり、話し手は過去形を用いることによって、現在や現実から距離を置き、自分の質問や意図、気持ちを間接的に、遠回しに表現することで、丁寧さが聞き手に伝わることになります (Huddleston and Pullum (2002: 138) も参照)。丁寧表現は一般に、直接的な言い方を避け、できるだけ間接的な言い方をするため、(4a-d) のように時制を過去にずらして、自分の意図や気持ちを現在から距離を置いて表現するのも、この丁寧表現の要因である「間接性」を満たしているのだと考えられます。

● 進行形も丁寧な意味合いを表わす

 過去形だけでなく、進行形を用いることで、より丁寧な意味合

いを伝達することもできます。次の例を見てみましょう。

(6) a. We **hope** you will attend our wedding.
    b. We **are / were hoping** you **will / would** attend our wedding.
    「私たちの結婚式に出席いただけると嬉しいのですが。」
(7) a. What **do** you **want**?
    b. What **were** you **wanting**?
    「何をお望みでしょうか。」
(8) a. I **wonder** if I **can** see you for a few minutes.
    b. I **am / was wondering** if I **can / could** see you for a few minutes.
    「ほんの少しお会いできませんでしょうか。」

主文動詞が単純現在形の（6a）,（7a）,（8a）に比べ、主文動詞が現在進行形や過去進行形の（6b）,（7b）,（8b）は、意味はほぼ同じですが、より丁寧な表現です。そして、過去進行形の方が現在進行形よりも丁寧な表現です。ここで、たとえば（7b）の What **were** you **wanting**? という文自体は、上の（4a, b）でも述べましたが、「あなたは何を望んでいたの」という過去の状態を尋ねていますが、相手の欲求が今はもうなくなっているという状況が示されていませんから、聞き手はこの文が、「あなたは何をお望みですか」という、現在の気持ちを尋ねているのだと推論することができます。そしてこの点は、(6b),(8b)でも同様です。したがって、本章のタイトル、「What **were** you wanting? は『何を望んでいたの』という意味だけか？」の答えは、「ノー」ということになり、「何を望んでいるの」という、聞き手の現在の気持ちを丁寧に尋ねる意味もあります。

過去進行形の方が現在進行形より丁寧な理由は、上で述べたように、過去形が、現在から距離を置くことで、より間接的な表現となり、話し手の希望や思い、聞き手に対する質問などを直接的に述べるのを避けられるためですが、それではどうして、単純形ではなく進行形にすると丁寧さが増すのでしょうか。

ここで、状態動詞が進行形になっている次のような文の意味を考えてみましょう（久野・高見（2005）の第1章、および本書第7章の【付記2】を参照）。

(9) a. I **am living** in Concord.
 b. I'**m having** problems with my Canon Printer. Do you know where I can get assistance?（実例）
 c. We **are thinking** of visiting Paris next summer.

現在進行形は、第6、7章で述べたように、現時点での（始めと終わりが明示されていない）進行中の動作や状態を表わすのが基本的な機能ですから、(9a) には、話し手が現在コンコードに住んでいるものの、以前は別の所に住んでいたり、将来は別の所へ移るという意味合い（暗意）があります。また (9b) は、話し手の使っているプリンターの調子が現在よくなく、話し手の現在の時点での困っている状況が述べられており、(9c) も、話し手たちが来年の夏にパリに行こうかと現在の時点で考えており、その時点に限られた考えを表わしています。

したがって、(6)–(8) で、過去進行形や現在進行形を用いると、話し手の希望や思いが、ある過去の時点、あるいは現在の時点に限られたものであることを示唆し、それ以外の時間にはそのようには思っていないという意味合い（暗意）が生じることになります。そのため、仮に話し手の希望や思いがたとえ叶えられなくて

も大丈夫だということになり、話し手の希望や思いが聞き手に対して押し付けがましいものではなく、控え目でへりくだったものになると考えられます。よって、ここから進行形だと丁寧さが生まれてくるものと思われます（【付記２】、【付記３】参照）。

> We **hope** you **will** attend our wedding.

> We **were hoping** you **would** attend our wedding.

● 助動詞 could を用いた丁寧表現

　以上では、動詞の過去形や進行形を用いた表現が丁寧な意味合いを持つことを示し、その理由を考えましたが、丁寧さは、助動詞の could や would, might などを用いて表現されることがよくあります。まず次の例を見てみましょう。

(10) a. **Can / Could** I see your ID?
　　　「身分証明証をお見せいただけますか。」

　　b. **Can / Could** you sing a song for me?
　　　「私のために一曲歌ってくれますか。」

　　c. You **can / could** ask your doctor for a referral.
　　　「お医者さんに紹介状を書いてもらうよう頼んではどうですか。」

　　d. Maybe we **can / could** get together sometime next month?

「私たちは多分、来月のどこかで集まれるんじゃないでしょうか。」

(10a) では、話し手が聞き手に身分証明書を見せてくれるよう許可を求め、(10b) では、話し手が聞き手に歌を歌ってくれるよう依頼していますが、can と could では、could の方がより丁寧な表現です。この点は、もうみなさんよくご存知のことでしょうし、Could I / you ... ? が、「～してよろしいですか／～してくださいませんか」という意味で、Can I / you ... ? より少し丁寧な表現であることは、たいていの辞書にも記載されています。さらに(10c, d) では、話し手が聞き手にお医者さんの紹介状を書いてもらうよう提案したり、話し手が聞き手に、来月のどこかで集まってはどうかと提案していますが、can より could の方が丁寧で、より控え目な言い方です。

それではなぜ、could は can より丁寧な意味合いが生じたり、控え目な表現になるのでしょうか。第 9 章で観察したように、(10a-d) では過去時を明示する表現がありませんから、これらの文の could は、「～することが<u>できた</u>」という過去の能力、可能、許可を表わす（直説法の）could ではなく、現在の仮定を表わす「仮定法」です。したがって、(10a) に条件節をあえて入れると、たとえば次のようになります。

(11) a. **Can** I see your ID if I **want** to see it?
b. **Could** I see your ID if I **wanted** to see it?
「私は、あなたの身分証明書を見たければ、見ることができますか。」

(11a) と (11b) の違いは、第 9 章で見たように、前者では、話

し手が聞き手の身分証明書を見たいと思うことがあるかも知れないと思っていて、もし見たければ見ることができるかと尋ねているのに対し、後者では、話し手が聞き手の身分証明書を見たいと思うことはないと想定し、それでも仮に見たいと思えば、見ることができるかと尋ねていることを表わしている点です。つまり、couldの場合は、現実とは異なる「仮定」であって、現実から距離を置いた間接的な表現となっています。そしてこれは、動詞の過去形が、上で見たように、現在から距離を置き、話し手の意図や気持ちを間接的に、遠回しに表現することで、丁寧さが生じるのとまったく同じです。したがって、couldの場合は、「仮定法過去」が表わす、現在の事実とは異なる「仮定」の意味が、丁寧表現の要因である「間接性」を表わし、丁寧さや控え目な意味合いを生みだすのだと考えられます。

　ここで注意すべきことがひとつあります。(11b)は仮定法過去ですから、この文自体は、実際には起こりそうにない仮定を表わしています。しかし聞き手は、話し手がわざわざこのような質問を自分にすることから、自分の身分証明書を見せてほしいと許可を求めているのだと推論することができます。つまりその分、(11b)は遠回しで、間接的な表現になっているわけです。

　(10b-d)についても、(10a)と同じことが言えます。そのためこれらの文では、話し手の聞き手に対する依頼や提案が、couldを用いることで、現実から距離をおいた「仮定」となり、間接的になるので、丁寧で控え目な表現と解釈されます。

● Would や might を用いる場合

　仮定法が表わす、現実から距離を置いた間接性は、couldだけでなく、wouldやmightについても言えます。次の文を見てみま

(12) a. **Would** you lend me a pencil?
「鉛筆を1本貸していただけますか。」
b. I **would** appreciate it if you **would** / **could** email me tomorrow.
「明日メールしてくださるとありがたいのですが。」
c. **Would** you mind my smoking here?
「ここでタバコを吸ってもよろしいですか。」
d. I **wouldn't** agree with you.
「あなたのおっしゃることにどうも賛成しかねます。」

(13) a. I wonder if I **might** borrow your car tomorrow.
「明日あなたの車をお借りしてもよろしいでしょうか。」
b. Do you think you **might** be able to help me with my math tonight?
「今晩、数学の勉強を手伝ってもらえないでしょうか。」
c. Sorry, but you **might** be wrong.
「すみませんが、おっしゃっておられることは間違っているかも知れませんね。」

(12a) の would を用いた依頼表現は、will を用いるより丁寧で、(12b) の I **would** appreciate it if you **would** / **could** … は、「〜してくださるとありがたいのですが」という意味の丁寧な依頼表現で、ともによく使われます。また (12c) の **Would** you mind my smoking here? は、**Do** you mind my smoking here? のような、相手の意向を直接的に尋ねる表現より丁寧ですし、(12d) も、I **don't** agree with you. のような現在形の表現より控え目で、相手に気兼ねをした遠慮がちな表現です。

さらに（13a）では、聞き手の車を借りる許可を求めるのに、may より might を用いた方が丁寧ですし、（13b）でも、聞き手に数学の勉強を手伝ってもらうよう依頼するのに、may よりも might を用いる方が、へりくだって控え目な言い方になります。また（13c）でも、相手が間違っているかも知れないという話し手の意見を述べるのに、may よりも might を使った方が、間違っている可能性が低い分、丁寧で遠慮がちな言い方になります。

（12a-d），（13a-c）で、would や might を用いることにより、will や may、さらに do などの現在形を用いるより丁寧で遠慮がちな意味合いが生じるのは、could の場合と同様で、「仮定法過去」の would や might が、現実から距離を置いた「仮定」の表現であるため、現在形が表わす直接的な意味合いを避けて、許可や依頼、提案などを間接的に表現することができるからです。

これまで、動詞の過去形や進行形、助動詞 can, will, may の過去形 could, would , might を用いることによって、話し手が、過去の事態を表わすのではなく、聞き手に対する質問や依頼、提案などをより丁寧で控え目に表現できることを観察し、その理由を考えました。そして話し手は、自分の発話を丁寧に表現するために、これまでのいくつかの例にも見られるように、これら３つの場合を、２つ、あるいは３つと併用することがよくあります。次の例を見てみましょう。

(14) a. I **wondered** if I **might** be able to borrow your car tomorrow.
「明日、あなたの車をお借りすることはできないでしょうか。」

　　b. We **were hoping** you **could** give some advice to our son.（cf.

6b)

「息子に何か助言をしていただけると嬉しいのですが。」

c. I **would** be grateful if someone **would** hold the door open. (cf. 12b)

「誰かドアを開けておいてくれるとありがたいのですが。」

(14a)では、過去形のwonderedとmightが用いられ、(14b)では、hopeが過去進行形で用いられるとともに、couldが使われています。そして(14c)では、wouldが主節と従属節の2つで用いられています。したがって、これらの文では、それだけ丁寧さが増すことになります。

● 実例の観察

最後に、次の実例をまず見てみましょう。これは、筆者の一人が家族と最近ボストンに旅行したとき、ボストン在住の友人のご夫婦（アメリカ人）から届いたメールの一文（一部変更）で、私たちが日本に帰る前日（土曜日）にもう一度会ってはどうかと誘ってくださったものです（Lisaは、ご夫妻の娘さんです）。

(15) As you know, we are heading to the Berkshires on Saturday to go to a fundraiser for Lisa's residence. We **were wondering** if it **would** work for us to come and see you Saturday morning at about 10: 45. We **thought** we **might** be able to go to Dunkin' Donuts together before we head to the Berkshires. **Would** that work for you?

「ご存知のように、私たちは土曜日、リサが住んでいる所の資金集めの催しのため、バークシャー地方に行きます。それで、私たちが土曜の朝 10 時 45 分頃、あなた方の所へ行ってお会いするのはどうかと思っているのですが。私たちがバークシャーに向かう前にダンキンドーナツのお店にでも一緒に行くことができればと思っているのですが、あなた方のご都合はいかがでしょうか。」

(15) の第 2 文以降は、We **were** wondering if ..., We **thought** ..., **Would** that work ... とすべて過去形ですが、もちろんこれらの文は、過去の事柄を述べているのではなく、話し手の現在の気持ちを表わす丁寧表現です。まず、We **were wondering** if it **would** work for us to ... で、「私たちが〜するのはどうだろうか」という提案が、過去進行形と would が用いられて、丁寧に控え目に表現されています。この文をたとえば、We **wonder** if **we can** come and see you on Saturday ... のようにすると、大分丁寧さが減少し、かなり直接的な提案になることがお分かりいただけると思います。次に、We **thought** we **might** be able to ... で、「私たちが〜できるかも知れないと思っていますが」という提案が、think の過去形 thought と may の過去形 might を使って示されています。そのため、ダンキンドーナツのお店に一緒に行くという案は、暫定的なものであり、変更できるという響きがあるので、押し付けがましくなく、控え目で丁寧な表現となっています。これをたとえば、We think we can go to Dunkin' Donuts together とすると、もう半ば予定が決まっているようで、多少押し付けがましく聞こえるかもしれません。さらに最後で **Would** that work for you? と表現されており、**Does** that work for you? より控え目に相手の都合を尋ねています。

ここで、実例の (15) を、その太字の部分を現在形等に代えた次の (16), (17) と比べてみましょう。

(16) As you know, we are heading to the Berkshires on Saturday to go to a fundraiser for Lisa's residence. We **are wondering** if it **works** for us to come and see you Saturday morning at about 10: 45. **Maybe** we **can** go to Dunkin' Donuts together before we head to the Berkshires. **Does** that work for you?

(17) As you know, we are heading to the Berkshires on Saturday to go to a fundraiser for Lisa's residence. We **wonder** if it **will** work for us to come and see you Saturday morning at about 10: 45. We **think** we **may** be able to go to Dunkin' Donuts together before we head to the Berkshires. **Will** that work for you?

上でも説明しましたが、(16), (17) は、(15) より提案が直接的になっています。そして、丁寧さの順序は、(15) → (16) → (17) の順で落ちていきます。(17) は、特に最後の **Will** that work for you? が、不躾で失礼な表現で、ネイティヴスピーカーによれば、これは「命令」のように聞こえるとのことです。つまり、ご夫妻のこの予定はもう決まっており、その予定にあなた方が合わせるかどうかは、あなた方次第だというような感じがするとのことです ((16) の **Does** that work for you? も、話し手の予定はもう決まっていて、それであなた方の都合はどうかを尋ねているという意味合いがあります)。それに対して **Would** that work for you? だと、私たちはまだ確定的な計画は決めていないので、あなた方がたとえ無理だとしても、まったく大丈夫ですよ、というような感じを与えるとのことです。つまりその分、would を用いた方が、控え

目で丁寧な表現というわけです。私たち日本人には、このようなwould と will のニュアンスの違いを理解するのは難しく、will を使ってしまいそうですが、みなさんはいかがでしょうか。

　(15) のメールの文章が上で述べたようにとても丁寧なのは、このご夫妻と我々家族との親しさの度合いや、このメールを書かれた奥様の教育レベルや年令などと大きく関係しています。私たち家族は、お互いの子供が20年あまり前に2年間、地域の小学校で同級生だったので、家族ぐるみで付き合うようになり、8年前にも1年間、ボストンでお会いすることが何度かありました。ただそれ以外は、ボストンと日本でメールやカードをやりとりするぐらいの間柄です。奥様は、大学で文学を専攻し、その後、法律を勉強して、現在は裁判所に勤めておられ、ご主人はある大学の法学部の先生です。

　ここで、(15) が、もっと親しい間柄のアメリカ人同士(たとえば、昔、大学のときのルームメイトで、今は2人とも結婚して、付き合いがずっと続いているような関係)のコミュニケーションであれば、どのように表現されるかを見てみましょう。この点を私たち筆者のネイティヴスピーカー・コンサルタントに尋ねると、たとえば次のように言うだろうとのことでした。

(18) As you know, **we're** heading to the Berkshires on Saturday to go to a fundraiser for Lisa's residence. **We'd like to** see you before we go. **How about** we come over to your hotel at about 10:45 that morning and **we can** all go somewhere for brunch?

(19) We're going to be driving to the Berkshires on Saturday for a fundraiser. **Do you want** to meet for coffee before? We **could** meet at Dunkin' Donuts at 11:00 or so. **Would** that work?

(18), (19) でも、We'd like to や could, would のような丁寧表現が用いられていますが、それでもこれらの文章が、6 行で書かれた (15) に比べ、4 行、3 行と短く、直接的で端的な誘いの文章であることが明らかです。

● 結び

本章では、過去形が過去ではなく現在の事柄を表わし、話し手が聞き手に許可を求めたり、依頼や提案をする際に、過去形の方がより丁寧になる次のような例を考察しました。

(20) a. I **wanted** to talk to you this afternoon.（cf. 4b）
  b. I **was wondering** if I **could** see you for a few minutes.（cf. 8b）
  c. I **wouldn't** agree with you.（=12d）
  d. I **wondered** if I **might** be able to borrow your car tomorrow.（=14a）

そして、話し手が動詞の過去形を用いることは、話し手の現在の意図や気持ちを現在から距離を置いて表現しているために間接的、遠回しになるので、そこから丁寧な意味合いが生じることを示し、進行形を用いることは、話し手の現在の意図や気持ちが一時的なものであると表現しているために、そこから丁寧な意味合いが生じることを示しました。また、話し手が could や would, might を仮定法過去として用いることは、話し手の現在の意図や気持ちが現実のものではないと仮定して表現しているために間接的、遠回しになるので、そこから丁寧な意味合いが生じることを示しました。

コラム②

「垣根ことば」と助動詞

　私たちは、自分の言いたい事柄に確信がなかったり、あまり直接的な言い方をするのをためらうような場合に、さまざまな表現を付け加えてその内容を弱めたり柔らかくしたりします。たとえば、(1)のような直接的な言い方を避けて、(2)のようにさまざまな表現を付け加えることが多くあります。

(1) You are wrong. 「あなたは間違っている。」
(2) a. **I think** / **I'm afraid** you are wrong.
　　 b. **Probably** you are wrong.
　　 c. **It seems** that you are wrong.
　　 d. You are **kind of** wrong.
　　 e. **Don't you think** you are wrong?

このように、ある表現内容の事実性を弱め、文内容の事実性に対する話し手のためらいや確信のなさ、表現の婉曲性、丁寧さなどの効果を導く表現は、「垣根ことば」(hedges)と呼ばれています。
　さて、前章で考察した助動詞もこの「垣根ことば」としての機能を持っていますが、ここで次の問題を考えてみましょう。

(3) 次の日本語を英語に直した場合、(　　)の中に入る最も適切な単語を下から選びなさい。

(質問：あなたはこのような言い方をしますか。)
私は、そのようには言わないでしょう。
I (　　) not say that.

[do, will, would, could, should, might]

　問題文の日本語には、「でしょう」という話し手の推量を表わす助動詞がついており、「垣根ことば」として機能しています。そのため、「私はそのようには言わない」という文が極めて断定的なのに対し、確信の度合いを弱め、柔らかくて控え目な表現となっています。ここで、(3) の解説をする前に、問題文の日本語、「私はそのようには言わないでしょう」という文を大学生 20 名に英訳するよう尋ねたところ、次のような答えが返ってきました (that の代わりに so を用いた学生もいましたが、その点は省きます)。

(4) a. I don't say that. (5名)
　　b. **I think** I don't say that. (6名)
　　c. **Probably** I don't say that. (5名)
　　d. I **will** not (**won't**) say that. (4名)

(4a) は、「私はそのようには言わない」という断定的な言い方になっており、問題文の日本語の意味合いを正確には伝えていません。(4b, c) では、「でしょう」が、I think や Probably を使って英訳されており、問題文の日本語にぴったりと

まではいきませんが、ほぼ妥当な英訳と言えるでしょう。それに対し（4d）では、助動詞の will (not), won't が用いられていますが、このような will は、たとえば次のように、未来時の事柄に言及して用いられます。

(5) Speaker A: In your press conference tonight, are you going to say you're about to resign?
「今晩の記者会見で、辞任の意向を話されますか。」
Speaker B: No, I **will** not (**won't**) say that. People **will** find that out soon enough.
「いいえ、話しません。いずれすぐに分かることですから。」

したがって（4d）は、「私はそのようには言わないでしょう」という、話し手の現在の事柄を述べている問題文の日本語に合っていません。(Will には、I **will** never smoke again. / I **will** do it, no matter what Mother says. のように、話し手の〈意志〉を表わす用法もありますが、(4d) の will をこのように解釈しても、もちろん問題文の日本語に合っていませんから、(4d) は妥当ではありません。)

ここで、(3) の問題に戻ると、正解は would です。私たちは前章で次の２文を比較し、(6b) の would を用いた文が仮定法で、(6a) よりも控え目で、相手に気兼ねをした遠慮がちな表現であることを観察しました。

(6) a. I **don't** agree with you.

「あなたのおっしゃることには賛成しません。」
b. I **wouldn't** agree with you.（＝前章の（12d））
「あなたのおっしゃることにはどうも賛成しかねます。」

（3）の would もこの（6b）の would と同じ用法で、確信の弱い意見を述べたり、相手に気兼ねした様子で、控え目に言う場合に用い、「～ですが、～だろう、おそらく～でしょう、～のようだ」というような日本語に相当します。つまり、（3）の would も仮定法用法で、「（私だったら／そのような状況だったら）そのようには言わないでしょう」と仮定的に述べているために、確信が弱められ、控え目な表現になっています。

　（3）の選択肢の do と will が不適切なのは、上で述べた通りです。また、could と should は、それぞれ「言うことができなかった／できないだろう」、「言うべきでない」という意味になり、問題文の日本語に合っていません。一方 might は、「言わないかもしれない」という意味で、これは問題文の日本語に近く、間違いではありません。ただ、「でしょう」に対応する最も適切な単語としては、would の方が適切と言えます。

　私たち日本人は、法助動詞、特にその過去形の would, could, should, might などを使うのが難しいとよく言われますが、上にあげた would は、母語話者が極めて頻繁に用いるものです。それにもかかわらず、（4）に示したように、日本の大学生が、「私はそのようには言わないでしょう」の英訳として、誰一人 would を使うことができなかったという点は、母語話者の英語と我々日本人の英語の違いの1つを如実に示しているものと考えられます。私たちもこのような「垣根ことば」としての would をうまく使えるようにしたいものだと思いま

す。

ここで (3) や (6b) と同じ用法の would の実例をあげておきます。

(7) a. I thought Paris was stunningly beautiful, something I **would** never say about London, although London is endlessly fascinating.
「私は、パリは気が遠くなるほど美しいと思いました。ロンドンも限りなく魅惑的な街ですが、ロンドンのことを気が遠くなるほど美しいとは決して言わないでしょう。」

b. (A bus is **standing** at the bus stop. という文に対するコメント) We Americans **wouldn't** use 'stand' with a bus at all. Brits **would**, though. We'**d** say the bus is waiting, sitting, idling, etc., depending on the situation.
「我々アメリカ人は、(「バスが止まっている」という場合に) stand をまったく使わないでしょう。でもイギリス人はそうするでしょうが。我々は、(そのような場合) 状況に応じて The bus is waiting, sitting, idling のように言うでしょう。」

c. (Peter has injured his ankle. という文に対するコメント) I **would** say "hurt" not "injured" in colloquial speech – "Injured" is pretty formal.
「私は、くだけた会話では injured ではなく、hurt と言うでしょう。Injured はかなり堅い表現です。」

d. I **would** expect such an expression to be used in a situation like this:

「そのような表現は、次のような状況で用いられるだろうと思います。」
   e. I **would** agree that for some reason using the past indicates distance in some way.
   「どういうわけか過去形を使うことはある点で距離を置くことを意味するという点には同意はしますが。」

ここで、(7a-e) を would のない次のような文と比べてみると、(7a-e) が、話し手の言っている事柄の確実性を弱め、柔らかくて丁寧な表現になっていることがお分かりいただけることと思います。

(8) a. ...., something I **never say** about London, ...
   b. We Americans **don't use** 'stand' with a bus at all.
   c. I **say** "hurt" not "injured" in colloquial speech.
   d. I **expect** such an expression to be used in a situation like this:

さらに次の実例 (9a) と辞書 (*Longman Dictionary of Contemporary English*) の用例 (9b, c) を見てみましょう。

(9) a. It **would** seem that I'm wrong.
   「私はどうも間違っているようだ。」
   b. I **would** think you'd be happier in a different school.
   「君は別の学校に行ったほうが幸せだと思えるので

すが。」
c. "Will it cost a lot?" — "I **would** imagine so."
「高くつくでしょうか。」「おそらくそうなると思います。」

これらの文は would を除いても、次に示すように、It seems, I think, I imagine がすでに「垣根ことば」として機能しています。

(10) a. It **seems** that I'm wrong.
b. I **think** you'd be happier in a different school.
c. "Will it cost a lot?" — "I **imagine** so."

したがって（9a-c）は、would を加えることで、二重の「垣根ことば」の使用となり、断言を一層弱めていることになります。(9a)では、話し手が自分のことを「どうやら間違っているようだ」と述べ、(9b)は、聞き手が別の学校に行った方が幸せであろうというような言いにくい内容の事柄を気兼ねして、控え目に、そしてその結果、丁寧に言っていることになります。また（9c）も、聞き手が高くつくだろうかと質問したことに対して、話し手は聞き手に気を遣って、「おそらくそうなると思います」のように、控え目で丁寧な言い方をしています。

　私たちも英語を使う際に、このような would や他の「垣根ことば」を巧みに用いて、直接的な言い方ではなく、控え目で丁寧な表現も使えるようになりたいものだと思います。

付記・参考文献

【第1章】

【付記1】 ただ、状態動詞の現在形は未来時を表わすことができないという制約は、次のような文が適格であることから、コピュラ（連結詞）で終わる形式には適用しないように思われます。

（i） a. 母は<u>来年米寿です</u>。
　　 b. 私は<u>来年の夏</u>、ひとりぼっち<u>です</u>。

【付記2】 「私は<u>来年から</u>毎朝ジョギングする」は、未来時を指しますから、(10) の「私は毎朝ジョギングする」には、実は、現在時と未来時の両方の解釈があります。ただ、(10) がこのような文脈がなければ、現在時の解釈が圧倒的に強くなります。

【付記3】 ただ、次のような埋め込み文を考えると、現在時制でも過去時を指すので、時と時制の関係は、実は (11) で示すよりさらに複雑です。

（i）　頼朝は、[義経が謀反を<u>企てている</u>] ことを疑わなかった。
　　　[過去時]

しかし、ここでは、(i) のような場合には踏み込まず、基本的な時と時制の関係を示すだけに留めます。

【付記4】 英語でも、動作動詞が用いられた次のような文は、主語の習慣的動作を表わし、現在時を指します（第2章参照）。

（i）　I **jog** every morning.［現在時］（cf. 10）

【付記5】 助動詞には、be, do, have のような「第1助動詞」と

呼ばれるものと、本文で述べた「法助動詞」(will, may, can, must, shall など)(別名、「第2助動詞」)、および dare, need, ought to, used to のような「周辺的法助動詞」と呼ばれるものがあります。

【付記6】 伝統文法とは異なり、「生成文法」と呼ばれる文法理論を始め、現代の言語学では一般に、英語(や日本語)には未来時制はなく、過去時制と現在時制(非過去時制)のみであると考えられています。この点に関しては、たとえば Huddleston and Pullum(2002: 208-210)を参照してください。

【第2章】

【付記】 (15a-d)のように、瞬間的に、あるいはごくわずかな時間で終了する動作の場合は、単純現在形が用いられますが、終了するまでにもう少し時間のかかる、ゆっくりとした動作の場合は、たとえば次のボートレースの実況放送のように、現在進行形が用いられます。

(i) Oxford **are pulling** slightly ahead of Cambridge now; they'**re rowing** with a beautiful rhythm ...(Swan 2005: 453)
「オックスフォードが今、ケンブリッジよりわずかに先を漕いでいます。彼らは美しいリズムで漕いでいます。・・・」

【第4章】

【付記】 アメリカ英語では、過去の特定の時間が明示されず、これまでのある出来事を述べる場合に、現在完了形ではなく、過去形がくだけた会話調の英語で用いられることがよくあります。そのため、たとえば次の(a)の代わりに(b)もよく用いられます((iiia, b)は Quirk et al.(1985: 194)から)。

(i) a. You'**ve** already **told** me that, and I don't want to hear it

again!
    b. You already **told** me that, and I don't want to hear it again!
(ii) a. Why are you demanding I take out the garbage? I**'ve** only just **gotten/arrived** home.
    b. Why are you bugging me to take out the garbage? I only just **got** home.
(iii) a. I'm tired – I**'ve had** a long day.
    b. I'm tired – I **had** a long day.

【第5章】

【付記】（4）の統計には、Shakespeare wrote that ... の頻度数（209,000件）とShakespeare has written that ... の頻度数（54,100件）が含まれています。Wrote that/has written that の後に続く節をすべて名言、格言とし、that 節が続かない wrote/has written の後に続くものがすべて Shakespeare の作品とする極めて概算的仮定をすれば、次の結果が得られます。

(i) Shakespeare wrote ＋作品： 566,000 – 209,000 = 357,000件
    Shakespeare has written that ＋名言・格言：　　= 54,100件
    Shakespeare has said（that）＋名言・格言（(12)から）
    　　　　　　　　　　　　　　　　　　　　= 386,000件

上の統計から、故人の作家が残した名言・格言を現在完了形文で伝えるのには、has written と比べて has said が圧倒的に多く使われることが分かります。現在でも意義がある名言・格言が身近なもので、作家が今でも生きているかのように捉えられていることが、has said の使用によってもよく反映されています。

【第6章】

【付記1】　私たちは次の第7章で、(8)の《英語の進行形の意味》

を若干修正します。

【付記2】「〜ている」形は、しばしば次のように、「すでに、もう（とっくに）」のような副詞と共起して、過去に行なった動作の結果として、その効果や影響が現在まで続いていることを表わすこともできます。

(i) a. その話はすでに聞いている。
b. 朝ご飯はもうとっくに食べている。
c. もう部屋を掃除しているから、使えるよ。

(ia-c) では、話し手がその話を聞いたり、朝食を食べたり、部屋を掃除したのは、過去の動作・出来事であり、その効果・影響が現在まで続いている点が示されています。そのためこれらの文も、過去の動作・出来事が●、その後に生じる効果・影響が──で示され、(13) の「バスがあそこに止まっている」の図と基本的に同じであることが分かります。そして、(ia-c) も (16) の《「〜ている」形の意味》によって捉えられます（高見・久野（2006）参照）。

【付記3】『ジーニアス英和辞典』（第4版、2006, p. 1859）では、stand の自動詞用法の語義8に「〈機械・車などが〉停止している；(… の状態で) 動いていない」があり、次の例があがっています。

(i) That car **is standing** (×stands) in front of my house.「その車は私の家の前に停車している」（◆この場合 stop は用いない）

ただ、これはイギリス英語で、アメリカ英語では、(19c) に示したように、stand ではなく、sit が用いられます。

　面白いことに、アメリカの道路脇で 'No Standing Anytime' や 'No Standing Tow Zone' のような標識（「ここで車を停車したり、

車を止めて荷物を出し入れしてはいけない」ことを示す標識）を見かけます。この点をアメリカ人に尋ねると、乗り物が stand するというのは昔の言い方で、とても奇妙に聞こえるので、この標識も現代的な言い方にすべきだと話してくれました。

さらに（i）の例文は、イギリス英語・アメリカ英語に関係なく不自然で、この文が用いられる文脈が考えられないとのことでした。そして、たとえば次のような表現なら自然とのことでした。

(ii) a. **There's a car** sitting/standing in front of my house.
b. **There's that car again**, sitting/standing in front of my house.

【コラム】
【付記】 私たちは（2）と（3）の意味の違いを、（4）に示したように、「（もう）到着し<u>ている</u>」という日本語がまずあり、それを間違って英語の進行形 is arriving に直した結果だと考えました。しかし、もともと X **is** now **arriving** at Gate Y. という定型表現がまずあり、この進行形表現を「X は、ただ今 Y 番ゲートに<u>到着しました（している）</u>」という間違った日本語に翻訳してしまった結果、このような食い違いが生じたと考えることもできます。

【第 7 章】
【付記 1】 （11b）（=I'm **hearing** strange noises.）と（11c）（=I'm **feeling** cold.）には、繰り返し変な音が聞こえたり、繰り返し寒けを感じるという解釈に加え、発話の時点で一定の間、変な音が聞こえる、寒く感じるという解釈もあります。つまり、現在を中心に一定時間継続している出来事を示す解釈もあります。これら 2 つの解釈は、（11b）を例にすると、次のような副詞を入れると、その区別がはっきりします。

(i) a. I'm **repeatedly** hearing strange noises.［繰り返し］

　　b. I'm **now** hearing strange noises.［現在の時点で］

(ia) の断続的に変な音が聞こえるという解釈は、本文で示したように、次の (iia) のような文の、聖書を断続的に読むという解釈と共通しており、(12) の図のように示されます。一方、(ib) の現在の時点で変な音が聞こえるという解釈は、次の (iib) のような文の、聖書を現在の時点で読んでいるという解釈と基本的に共通しています。つまり、発話の時点で、継続時間はたとえ短くても、一定の間、変な音が聞こえるという出来事が継続している様子を表わしています。

(ii) a. I am reading the Bible **every day**.［繰り返し］

　　b. I am **now** reading the Bible.［現在の時点で］

【付記 2】　私たちは久野・高見 (2005)『謎解きの英文法—文の意味』(第 1 章) で、(ia) の状態動詞 live は、主語指示物の一定不変の状態を表わし、この文は、話し手がずっと永続的にケンブリッジに住んでいることを表わすのに対し、(ib) のように進行形で用いると、話し手が一時的に現在ケンブリッジに住んでおり、以前は別の所に住んでいたり、これから別の所へ移るという意味合いがあることを示しました。

(i) a. I **live** in Cambridge.

　　b. I **am living** in Cambridge.

さらに私たちは、have や think, hope のような状態動詞も、次の (a) とは異なり、(b) のような場合には、進行形になることを示しました。

(ii) a. *I **am having** three brothers.

　　　(cf. I **have** three brothers.)

　　b. I **am having** a problem with my Canon printer. Do you

            know where I can get assistance?
 (iii) a. *I **am thinking** he is Chinese.
        (cf. I **think** he is Chinese.)
      b. I **am thinking** of visiting Paris in October.
 (iv) a. *We **are hoping** that you will succeed in life.
        (cf. We **hope** that you will succeed in life.)
      b. We **are hoping** that you will be able to join us next Friday evening.

(iia)は、話し手に兄弟が3人いるという、話し手のなかば永続的な兄弟関係を述べているので、進行形は使えません。一方、(iib)は、話し手が今使っているプリンターの調子がよくなく、どこに問い合わせたらいいかを聞き手に尋ねているので、この文は、話し手の現在の時点での一時的に困っている状況を述べています。(iiia, b)も同様です。(iiia)は、話し手が、彼が中国人であると思っており、その考えはずっと続いている状態なので、進行形は用いられません。一方、(iiib)は、話し手が10月にパリに行こうかと現在の時点で考えており、その時点に限られた考えを表わしています。(iva, b)の対比も同様で、聞き手の将来の成功を願うのは、話し手たちが一時的に願っている事柄ではなく、ずっと永続的に願っている事柄ですが、聞き手をある催しに誘いたいという気持ちは、話し手たちの現在の思いを表わしています。このように、一時的に陥っている（経験している）事柄を述べたり、現在の時点に限られた一時的な思い、気持ちを述べる場合にも、状態動詞を進行形で用いることが可能です。

【付記3】 2003年に使い始められたマクドナルドの広告文よりも先の1984年に、スコーピオン（the Scorpions）というグループは、"Still Loving"という歌を出しており、その歌の中に次の歌

詞があります。
　(i)　I'm loving you.
この表現は、(8a)（=*Mike is loving Cathy.）で示したように、不適格だと思われるかもしれません。しかしこの歌は、ある男性が去っていった恋人に、戻ってきてほしいという願いを歌ったもので、「今でも、いつも、君のことが好きだ」という思いが何度もわき起こり、捨て切れられないというものです。そのため、このように進行形が用いられており、I'm loving it. と同様に考えることができます。

【付記4】　英語のネイティヴスピーカーの中には、(i) I love it. と I'm loving it. のような文の間にある微妙な意味の違いを意識して、両者を使い分けている人ばかりではなく、(ii) 意識はしていないものの、実際には両者を使い分けている人や、(iii) 意識も使い分けもせず、どちらの場合も単純現在形を使う人もいます。(i) の話し手に I'm loving it と言えるか、と尋ねると、もちろん、言えると言います。(ii) の話し手に尋ねると、言えるかもしれないけれど、自分は I love it と言って、I'm loving it は使わないと言いますが、実際に無意識に使っていることに気がつくと、なるほど、と認識を改めます。(iii) の話し手は、I'm loving it は最近の流行に乗った表現で、不自然、あるいは不適格だと言います。

【第8章】
【付記1】　日本語では、主節の動詞が「と言う、と話す、と伝える」のような発話動詞の過去形の場合、従属節の動詞は、次に示すように、時制の一致を受けないのが普通です。
　(i)　どこで食事をしようかと山田君に尋ねたら、

a. 彼は、「どこのレストランでもかまわない」と言った。
　　　b. 彼は、どこのレストランでもかまわないと言った。
　　　c. *彼は、どこのレストランでもかまわなかったと言った。

(ib)の従属節「どこのレストランでもかまわない」は、現在形であるにもかかわらず、彼がそのように言った過去の時点での彼の考えを述べています。((ic)は、導入文「どこで食事をしようかと山田君に尋ねたら」のない独立文としては適格文ですが、それは、山田君が発言をした過去の時点での彼の考えを述べた文ではなくて、過去の過去の時点での彼の考えを述べた文になります。)したがって日本語では、(1a, b)のような英語と違って、原則的に時制の一致がないということになります。

　同様、次の(iib, c)を見てみましょう。
(ii) a. 太郎は花子に「君のことをうらやましく思っている」と言った。
　　 b. 太郎は花子に、彼女のことをうらやましく思っていると言った。
　　 c. 太郎は花子に、彼女のことをうらやましく思っていたと言った。

(iib)は、太郎が発言した過去の時点での彼の考えを伝える文ですが、時制の一致が起きているかのように見える(iic)のデフォルト解釈は、太郎が花子に発言したときの心情を表わす文、つまり、(iia, b)と同義の解釈ではなく、過去の過去の太郎の考えを伝える文としての解釈です。

【付記2】 (4b)では、I thought she left / had left for England yesterday. のように言うこともできますが、この点については以下の本文で説明します。

【付記3】 ただ、(7a-i) のような伝達の時や場所の変換は、本文でも少し触れたように、機械的に行なわれるのではなく、実際的に考えた上で行なわれます。たとえば、tomorrow を含む次の直接話法が間接話法になると、それがいつ発話されるかによってどのように変わるかを見てみましょう。

(i) The announcer said, "The president **is** coming to Japan **tomorrow**."

ここで、たとえばアナウンサーが４月５日に、大統領の来日が明日（４月６日）にせまっていることを伝え、この報道を聞いた人がその日（４月５日）に別の人にそれを伝えるという状況では、(i) は次のような間接話法になります。

(ii) ４月５日の発話 —— 大統領の来日が４月６日

The announcer said that the president **was** / **is** coming to Japan **tomorrow**.

この場合は、大統領がまだ来日しておらず、その来日は明日なので、tomorrow がそのまま用いられます。そして動詞は、時制の一致を受けた was でも、受けていない is でも構いません（この違いについては、以下の本文で詳述します）。

一方、上記の発話が、大統領来日の４月６日だと (iii) のように、そしてそれ以降なら (iv) のようになります。

(iii) ４月６日の発話 —— 大統領の来日も４月６日

The announcer said that the president **was** / **is** coming to Japan **today**.

(iv) ４月７日以降の発話 —— 大統領の来日が４月６日

The announcer said that the president **was** coming to Japan **the next day**.

(iii) の状況では、tomorrow が today に、そして（iv）の状況で初めて、tomorrow が the next day（または the following day）に変換されることに留意してください。

【付記4】 ここで、【付記1】で指摘した日本語の文（ib）（(i) として再録）を見てみましょう。

(i) （どこで食事をしようかと山田君に尋ねたら、）
　　　彼は、どこのレストランでもかまわないと言った。

(i) の従属節「どこのレストランでもかまわない」は、現在形であるにもかかわらず、彼の現在（発話時）のレストランについての考えを述べているのではなく、彼がそのように言った過去の時点での考えを述べていますから、現在時を基準にした「絶対時制」ではなく、主節の動詞「言った」に依存する「相対時制」です。つまり、日本語は、相対時制主体の言語ということになります。

とは言うものの、日本語に絶対時制の埋め込み文がない、というわけではありません。次の文を見てみましょう。

(ii) a. 太郎は、花子が自分のことを嫌っていることを知っている。
　　b. 太郎は、花子が自分のことを嫌っていることを知っていた。
　　c. 太郎は、花子が自分のことを嫌っていたことを知っていた。

(iib) の埋め込み文の現在形動詞は、(i) と同様、太郎の過去の発話時を基準とした相対時制です（ただ、二次的な解釈として、花子の現在の気持ちを表わす絶対現在時制と解釈することも可能です）。他方、(iic) の埋め込み文の過去形動詞は、(iic) の発話者の発話時を基準とした絶対過去時制です。この絶対過去時制が指す時は、常識的に考えて、太郎が埋め込み文が表わす内容を

知っていた時点かもしれませんし、あるいは、それ以前かもしれません。ここで留意しておかなければならない重要なことは、(iic)が時制の一致によって派生した文ではない、ということと、太郎が埋め込み文が表わす内容を知っていた時点での花子の考えを表わす文としては、(iib)のように、相対時制の埋め込み文を用いるのが普通で、(iic)のような絶対時制の埋め込み文を用いるのは、例外的だ、ということです。(もちろん、過去の過去の花子の状態を表わす場合には、過去時制の埋め込み文を用いなければなりません。)

【付記5】 (4b)の従属節が、「絶対時制＋相対過去時副詞」である次のような文も適格です。

(i) I thought she **left** for England **the day before**
<u>絶対時制</u>　　<u>相対過去時副詞</u>

(even though you said she('d) left on Saturday / March 9.
「あなたは、彼女が土曜日／3月9日にイギリスへ行ったと言いましたが、私は彼女がその前日に行ったと思ってました。」

ただ、この文では、相対過去時副詞の the day before は、文脈から明らかなように、主節の thought を基準にしているのではなく、「土曜日／3月9日」を基準にして、その日の前日と述べています。そのため、この文は適格となっています。

【付記6】 (23a-c)で、will は現在時から見た未来を表わし、would は過去の文脈基準時から見た未来を表わすと本文で述べましたが、この記述は、「will は未来時制ではない」という第1章の私たちの主張と矛盾しないことに注意してください。なぜなら、第1章の主張は、will が、未来時を唯一的にマークする「未

来時制」形式ではなく、話し手の推測や意志、主語の習性などの多義的意味を表わす法助動詞であるというものだからです。そして、will は「未来時制」として認められるような文法カテゴリーではないものの、be going to や進行形などとともに、未来の動作や状態を示す1つの方法ではあるため、(23a-c) の will や would に関する記述は、第1章の主張とは何ら矛盾しません。

【付記7】 母語話者の中には、graduated のような一般動詞を用いた (13b) や (28) と同様に、BE 動詞を用いた (29a-d) も不適格と判断し、たとえば (29a) だと次のように言うべきで、過去形動詞には、BE 動詞であれ BE 動詞以外であれ、未来時解釈がないと考える人もわずかながらいます。

(i) John **said** that he **is / will be / would be** on a sabbatical leave **next year**.

【付記8】 母語話者の中には、(29a-d) のような過去形 BE 動詞の場合は、発話時から見て未来時指示の解釈にまったく問題がなく、自分でも用いるが、(31a, b) のような BE 動詞ではない fell on の場合は、少し抵抗があり、自分では現在形の falls on を用いるが、他の話し手が使った場合は適格と判断するという人もいます。

【第9章】
【付記1】 仮定条件が明示されない (6a-d) のような仮定法に関して、真野 (2010: 123-129) に有益な解説がなされているので参照ください。

【付記2】 (10) の could と同様に、(i) の couldn't は、「〜がで

きなかった」という過去の出来事と、「〜ができない（だろう）」という現在の仮定のどちらも表わし、曖昧です。

(i) I **couldn't** pass such a difficult exam.
　　解釈（A）：そんな難しい試験には受からなかった。
　　　　　　　（I **wasn't able to** pass such a difficult exam.）
　　解釈（B）：そんな難しい試験には受からないだろう。
　　　　　　　（I **wouldn't be able to** pass such a difficult exam.）

しかし、(i) の such a difficult exam をたとえば the entrance exam のような定名詞句の特定表現に代えると、(8a) の could と異なり、couldn't は、過去の出来事を表わす解釈の方が優勢になります。

(ii) I **couldn't** pass the entrance exam.［過去の出来事］
　　解釈（A）：入試に受からなかった。［優勢］
　　　　　　　（I **wasn't able to** pass the entrance exam.）

ネイティヴスピーカーの中には、(ii) にも、現在の仮定を表わす解釈（B）（つまり、「受けても受からないだろう」）もわずかながらあるという人もいますが、解釈（A）が優勢です。

(i) と (ii) の解釈の違いが何に起因するのか、明確には分かりませんが、(i) では、「そんな難しい試験なら（受けても）受からないだろう」という、現在の仮定をするのが容易ですが、(ii) では、すでに特定の入試が話題になっているので、話し手がその入試に受かったかどうかという、過去の出来事を記述する文として解釈されやすく、仮定条件の if 節を思い浮かべるのが難しいためではないかと思われます。

【付記3】 Swan（2005: 124）は「許可」に関しても、過去時を指す could が、何かをしようと思えばいつでもそうすることが許されていたという、「一般的許可」（general permission）を表わし、過去の1回だけの許可の場合には用いられないと指摘し、次の例

をあげています。
 (i) a. When I was a child, I **could** watch TV whenever I wanted to.
  b. *Yesterday evening, Peter **could** watch TV for an hour.
しかし Swan（2005）はここでも、それではなぜ、一般的許可を表わす(ia)が適格で、1回だけの許可を表わすことを意図する(ib)が不適格なのかを説明していません。それは、一般的許可を表わす（ia）が状態記述文なのに対し、（ib）は、「ピーターが昨晩1時間テレビを見ることができた（許された）」という1回限りの出来事・行為を聞き手に伝えることを意図しているのに、そこに状態を表わす could が用いられているからだと説明できます。

【付記4】 Quirk et al.（1985: 232, 注 c ）や Huddleston and Pullum（2002: 197），Carter and McCarthy（2006: 644）にも、Swan（2005）と同様の指摘が見られますが、そこでも、1回の行為に対してcould は用いられず、couldn't が用いられるのがなぜなのかの説明はされていません。

【付記5】 Swan（2005: 98）は（ia）を不適格と判断し、聞き手が卵を買ったのが1回だけの行為だからだと述べています。
 (i) a. *How many eggs **could** you get?（Swan 2005: 98）
  b. How many eggs **did** you get?
私たちは、普通、スーパーや農場に行けば、欲しいだけの卵を買えますから、卵を買えないとか、買うのが難しいというようなことは通例ありません。そのため、（ia）は一般的な可能の意味ではなく、このような予測もないので、不適格です。
　しかし、たとえば、誰かが農場へ卵を買いに行き、その農場では、人が欲しい数だけの卵を必ずしも買えないのが分かっている

ような状況を想定してみましょう。このような状況であれば、卵を買いに行った人が帰ってきて、話し手がその人に（ia）を言うのは、まったく自然で、この文は適格文です。つまり、「不可能状態」と「可能状態」が対照されており、適格となります。ここで、did を用いた（ib）は、このような困難な状況がなく、単に卵を何個買ったかを尋ねているだけの文です。

【第10章】

【付記1】 （4a）の What **is** your name again? は、直接的で不躾な表現なので、子供に尋ねる以外はあまり用いられません。Is を was にすると少し丁寧さが増しますが、Sorry, **could** / **would** you give me your name again? などのように言う方がより丁寧です。この点に関しては、以下の節で述べます。

【付記2】 進行形の基本的意味から生じる暗意にはさまざまなものがあり、たとえば I'm living in Concord. だと、現時点より以前や以後のことは分からないというような暗意が生じます。そのため、この進行形の文だと、いずれ別の所に移り住むというような点を示唆します。これに対して、たとえば第7章で取り上げたマクドナルドの広告文 I'm lovin' it. では、マクドナルドを食べる度に美味しいと思う話し手の気持ちがまさに現在進行中で、そのため臨場的で満足感があるというような暗意が生じることになると思われます。

【付記3】 話し手等の感情、態度、意志などが進行形を用いることで一時的（temporary / tentative）になり、その結果、丁寧な表現になるという点に関しては、さらに Quirk et al.（1985: 210）を参照してください。

【参考文献】

- ☆ Carter, Ronald and Michael McCarthy (2006) *Cambridge Grammar of English*. Cambridge: Cambridge University Press.
- ☆ *Collins COBUILD English Usage* (2004) Second Edition. HarperCollins Publishers.
- ☆ Huddleston, Rodney and Geoffrey K. Pullum (2002) *The Cambridge Grammar of the English Language*. Cambridge: Cambridge University Press.
- ☆ 久野暲・高見健一 (2005)『謎解きの英文法―文の意味―』くろしお出版。
- ☆ Leech, Geoffrey (2004) *Meaning and the English Verb*. (Third Edition) London: Longman.
- ☆ 真野泰 (2010)『英語のしくみと訳しかた』研究社。
- ☆ Quirk, Randolph, Sidney Greenbaum, Geoffrey Leech and Jan Svartvik (1985) *A Comprehensive Grammar of the English Language*. London: Longman.
- ☆ Swan, Michael (2005) *Practical English Usage*. Oxford: Oxford University Press.
- ☆ 高見健一・久野暲 (2006)『日本語機能的構文研究』大修館書店。

[著者紹介]

久野 暲（くの・すすむ）
1964年にハーバード大学言語学科Ph.D.を取得し、同学科で40年間教鞭をとる。現在、ハーバード大学名誉教授。主な著作に『日本文法研究』（大修館書店、1973）、『談話の文法』（大修館書店、1978）、『新日本文法研究』（大修館書店、1983）、Functional Syntax (University of Chicago Press, 1987) などがある。

高見 健一（たかみ・けんいち）
1990年に東京都立大学文学博士号を取得し、静岡大学、東京都立大学を経て、現在、学習院大学文学部教授。主な著作に Preposition Stranding (Mouton de Gruyter, 1992)、『機能的構文論による日英語比較』（くろしお出版、1995）、『日英語の機能的構文分析』（鳳書房、2001）などがある。

なお、二人の共著による主な著作に Grammar and Discourse Principles (University of Chicago Press, 1993)、『日英語の自動詞構文』（研究社、2002）、Functional Constraints in Grammar (John Benjamins, 2004)、『英語の構文とその意味』（開拓社、2007）、『日本語構文の意味と機能を探る』（くろしお出版、2014）、『謎解きの英文法』シリーズ（くろしお出版、2004〜）などがある。

謎解きの英文法　時の表現

発行	2013年 8月10日　第 1 刷発行 2021年 4月15日　第 5 刷発行
著者	久野　暲・高見　健一
装丁	折原カズヒロ
イラスト	益田賢治
印刷所	藤原印刷株式会社
編集	岡野秀夫
発行所	株式会社　くろしお出版 〒102-0084 東京都千代田区二番町 4-3 二番町カシュービル 8F TEL 03-6261-2863　FAX 03-6261-2879 http://www.9640.jp/　e-mail:kurosio@9640.jp

Ⓒ Susumu Kuno, Ken-ichi Takami 2013 Printed in Japan

ISBN978-4-87424-593-4 C1082

●乱丁・落丁はおとりかえいたします。本書の無断転用・複製を禁じます。